U0450773

紫图图书 出品

每一个不曾起舞的日子都是对生命的辜负

[德]弗里德里希·尼采/著　丁伟/译

天津出版传媒集团

天津人民出版社

图书在版编目（CIP）数据

每一个不曾起舞的日子，都是对生命的辜负 /（德）弗里德里希·尼采著；丁伟译. -- 天津：天津人民出版社，2025.3. -- ISBN 978-7-201-20998-2

Ⅰ.B516.47

中国国家版本馆 CIP 数据核字第 20257NT750 号

每一个不曾起舞的日子，都是对生命的辜负
MEIYIGE BUCENG QIWU DE RIZI, DOUSHI DUI SHENGMING DE GUFU

[德] 弗里德里希·尼采 著　丁伟 译

出　　版	天津人民出版社
出 版 人	刘锦泉
地　　址	天津市和平区西康路 35 号康岳大厦
邮政编码	300051
邮购电话	022-23332451
电子信箱	reader@tjrmcbs.com

责任编辑	玮丽斯
策　　划	黄利　万夏
营销支持	曹莉丽
特约编辑	高翔　许碧涵
装帧设计	紫图图书ZITO®

制版印刷	艺堂印刷（天津）有限公司
经　　销	新华书店
开　　本	880 毫米 ×1230 毫米　1/32
印　　张	8.5
字　　数	152 千字
版次印次	2025 年 3 月第 1 版　2025 年 3 月第 1 次印刷
定　　价	55.00 元

版权所有　侵权必究
图书如出现印装质量问题，请致电联系调换（022-23332451）

不能听命于自己者,
　　就要受命于他人。
　　这就是生物的本性。

人和树一样,

它愈求升到高处和光明,

它的根愈往下扎,

向黑暗,向深处。

人是一根绳索,

系在动物与超人之间,

——一根悬在深渊之上的绳索。

你超越了他们;
可是你升得越高,
嫉妒的眼睛就把你看得越小。

目录 CONTENTS

第一章 从了解自己开始

成为你自己 002
为自己写作 007
非凡之人必定孤独 012
哲学家的骄傲和孤独 016
论自我和同情 019
千万不要把我错认了 025
自我超越 030

每一个不曾起舞的日子
都是对生命的辜负

第二章

人性是复杂的,
不要轻言善恶

没有信仰的现代人
哲学中的教条主义
自由灵魂
罪犯及其近亲
人的类型和价值
对学者的解剖
我为什么如此智慧
我为什么如此聪明

075　072　065　059　053　047　044　038

/ 目录 /

第三章

每一个不曾起舞的日子，
都是对生命的辜负

- 我们在多大程度上也是虔诚的 084
- 世界是自娱的游戏 087
- 现代艺术和现代人的精神危机 092
- 我们的快乐有何含义 097
- 苦难者的认识 099
- 德国人缺少什么？ 102
- 新旧牌匾 109

3

每一个不曾起舞的日子
都是对生命的辜负

第四章

心中充满爱时,
刹那即为永恒

论女人 143
论性别和爱情 141
论婚姻 137
婚姻不宜于自由思想家 132
什么是浪漫主义 126
闲暇与优游 122
山上的树 116

/ 目录 /

第五章

道德是对强者的约束，对弱者的利益

主人道德和奴隶道德　150
作为反自然的道德　155
从痛苦中分娩思想　162
我们是否变得更有道德了　164
疯狂在道德史上的意义　168
纯洁的知识　171

每一个不曾起舞的日子
都是对生命的辜负

第六章

多数人贪图安逸,
少数人超越自己

在自己身上克服时代
从深刻回归肤浅
为永恒的生成辩护
崇高的人们
创造者之路
超人和末人

198　194　190　184　181　178

第七章

对待生命，你不妨大胆一点

哲学的使命是解释生命的意义	214
哲学家与时代的紧张关系	219
哲学与文化	222
论哲学家的偏见	227
健康与哲学的关系	234
现代的世俗化潮流	237
现代性和现代思潮批判	242
译后记	248

CHAPTER 1

从了解自己开始

成为你自己 • 为自己写作 • 非凡之人必定孤独

哲学家的骄傲和孤独 • 论自我和同情 • 千万不要把我错认了

自我超越

成为你自己

一位游历过诸多国家的旅行者，若有人问他，发现世界各地的人有什么共同特点时，他或许回答："人们都有一种懒惰的癖好。"一些人会觉得，更全面的答案应该是："人们都是胆怯的。"他们把自己隐藏在"习俗"和"舆论"背后。其实，每个人都很清楚，自己是独一无二的，在这世上只存在一次，不会再有第二次巧合，能把如此纷繁的元素凑在一起，组成像他这样的个体。他知道这一点，却像做亏心事一样把它隐藏起来。为什么呢？因为他害怕自己的邻居，邻居要维护习俗，习惯于用习俗包裹自己。但是是什么迫使一个人害怕他的邻居，随大流地思考和行动，而不是寻求自己的快乐呢？也许在极少数情况下是因为羞愧，但在大多数情况下是怠惰，是"轻易地接受事物"，总之是旅行者所说的"懒惰倾向"。他说得没错，人与其说是胆小，不如说是懒惰，他们惧怕绝对的真诚和坦白，因为这可能加重他们的负担。唯有艺术家痛恨这样以人云亦云的姿态和遮遮掩掩的意见来懒散地生活，他们揭示秘密，揭示每个人的坏心眼，发现每个人都是独一无二的。他们敢于向我们指出，每个人以及他的每一块肌肉都是独一无二的，而且还是美丽而有趣的存在，就像大自然的每一件作品一样新奇而不可思议，永远不会让人感到乏味。当伟大的思想家轻视人们时，他轻视的是人们的懒惰：因为他们像工厂的商品一样，千篇一律，不值得任何来往和改进。一个人若不想沦为芸芸众生，就不要再"苟且偷安"，要听从良知的呼唤："做你自己！你现在所做、所想、所渴望的，都不是你自己！"

每一个年轻的灵魂日夜都在聆听着这种呼唤，并为之颤抖：因为她知道，当念及真正的解放时，也就得到了万古不变的幸福准则。只要观念和恐惧的枷锁仍然束缚着他，无论如何也无法获得这种幸福。没有这种解放，生活会变得多么无趣和无意义！在自然界中，没有比逃避自己的天赋、漫无目的、四处游荡的人更空虚和野蛮的了。我们甚至没有理由去攻击这样的人，因为他只是一具没有内核的躯壳、一块破烂下垂的画布、一个镶了边的幻影，不会引起恐惧，当然也不会引起怜悯。虽然人们说一个人有权在懒惰中消磨时光，但对于这个把幸福建立在公共舆论亦即个人懒惰的时代，人们必须下定决心，将它从人生真正的自由史上抹去。我走在城市的街道上，想到这些尊奉公众意见的一代人为自己建造的所有这些面目可憎的房屋，可能在百年之后荡然无存，而这些房屋建造者们的意见也随之倾覆。但是如果他们都觉得自己不是这个时代的公民，那该是多么充满希望啊！因为他们倘若是的话，就不得不致力于"消磨时光"的工作，并和他们的时代一同消亡，而他们更希望让时间变得更快，让生命变得更长，让他们自己活在这个生命中。

即使未来让我们毫无希望，我们存在于此时此刻的奇妙事实也给了我们莫大的鼓励，让我们按照自己的规则和标准生活。激励我们的正是这个不可思议的事实：我们恰恰生活在今天，并且需要无限的时间才得以产生；我们除稍纵即逝的"今天"之外别无所有，必须在这一瞬间表明我们为何而生；我们必须对自己的存在负责，必须当自己人生的舵手，不让自己的存在成为一个盲目的偶然。我们应当敢于冒险、敢做敢当；无论事情的结果如何，我们都会失去，又何必执着于自己的一亩三分地，执着于自己的小生意，执着于听信邻居的话呢？受那些超过一定范围就没有约束力的观点约束，这是目光狭隘。东方和西方是有人在我们眼前描画的粉笔道，为的是愚弄我们这样的懦夫。年轻的灵魂说："我要努力争取自由"，但仅仅因为两个国家彼此仇恨并发生战争，或者因为两个地区之间横亘着海洋，或者因为身边有一种两千年前并不存在的宗教，我们就会受到阻碍。"这一切不是你自己"，灵魂说，"除了你自己之外，没有人能为你架起跨越生命之河的桥梁。世上有无数的道路，尽管有无数肯载你渡河的马、桥梁和半神，但前提是你必须为此付出代价，必须抵押或丧失你自己。世上只有一条路，除了你，谁也不能走。不要问它通向何方，只管向前走就是了。是谁说过这样一句话：'当一个人不知道他的路会通向何方时，他已经攀登得比任何时候更高了。'"

但是我们如何才能重新"找到自己"，人又如何才能"认识自己"呢？他是一个晦涩难懂、遮遮掩掩的东西。如果兔子有七张皮，人即使剥下七七四十九张皮，仍无法说："这就是真正的你，而不再是外壳。"同样，这种对自我的挖掘，这种直接、猛烈地坠入自我深渊的行为，也是一种麻烦和危险的开始，不仅很容易让自己受伤，且任何医生都无法医治。再说，这又有什么用呢，因为一切都见证了我们的本质——我们的友谊和敌意，我们的表情和问候，我们的记忆和遗忘，我们的书籍和文章！不过，尚有一种最有效的方法，让年轻的灵魂带着这样的问题回顾人生："到现在为止，你真正热爱的是什么？是什么吸引你的灵魂向上？又占据你的灵魂并赐福予它？"你把这些珍爱的东西摆在面前,通过它们的存在或秩序,或许会向你展示一种法则,而这种法则正是你自身的根本法则。不妨比较一下这些事物,想想它们是如何完善、拓宽、超越和解释另一个事物的,它们是如何构成你一直在攀登的通往自我的阶梯的。因为你真正的存在并不深藏于你自身,而是在你之上,或者至少高于你通常认为是自我的那种东西。真正的教育者和塑造者向你揭示的是你存在的真正基础和内涵,而这种东西本身是无法被塑造或教育的,它无论如何都是难以接近的、被束缚的和残缺不全的。你的教育者只能是你的解放者,这就是所有教育的秘密:它不会给人人造的假肢、蜡制的鼻子和戴眼镜的眼睛,唯有虚假的教育才会提供这些礼物。相反,真正的教育是一种解放,是清除所有杂草、垃圾和害虫,是光和温暖地流淌,是夜雨的温柔滴落;它既是对大自然的追随和崇拜,又是对大自然的完成,因为它预防了大自然凶猛无情的爆发,并将它变得美好,在大自然那后母般的态度和不可理喻的表现上蒙上了一层面纱。

为自己写作

因此,当我梦想自己能找到一位真正的哲学家做老师时,我简直是异想天开,我幻想他能够把我从泥沼中解救出来,重新教导我简单而诚实地在思想和生活,从最深刻的意义来理解,也就是不合时宜,因为现在的人已经变得如此复杂,以至于只要他们想说话、发表意见和行动时,他们便必然会不诚实。

正是带着这样的需求和渴望,我认识了叔本华。

我在翻开第一页之后,就清楚地知道,我将读完其他所有的书,并聆听他所说的每一句话。我对他的信任一下子迸发出来,九年来一直如此。我理解他,就好像他是为我而写的(这样表达是为了清晰,虽然会显得狂妄和笨拙)。因此,我在他的作品中从未发现过似是而非之论,尽管偶尔也会出现一些小错误。似是而非之论是作者是在自己也不相信的情况下做出的一些没有说服力的断言。他想显得自己才华横溢,或者想误导别人,更重要的是,他想装腔作势。叔本华从不装腔作势,他是为自己而写,没有人喜欢被欺骗,更何况是一位将此奉为法则的哲学家。他把"不要欺骗任何人,绝对不要欺骗你自己"作为准则,既不喜欢作家们几乎无意识模仿的社会交往中的"白色谎言",更不喜欢讲坛上更有意识的欺骗和修辞学中矫揉造作的方法。叔本华的演讲只针对他自己,倘若一定要设想一个听众,不妨将他想象成一个正聆听父亲教诲的儿子。这是对一个"听得见、爱得深"的人的一场粗犷、真诚、幽默的谈话。这样的作家很少见。一听到他的声音,我们就会被他的力量和理智所包围,就像进入了森林的高处,在这里我们深深地呼吸,也就恢复了健康。我们处处都能感受到一种令人振奋的气息,一种属于他自己的坦率和自然,这种坦率和自然属于那些自得其乐的人,属于那些灵魂富裕的人。他与那些为了显示机智而故意语出惊人的作家不同,他们的言论因此而显得有些紧张和不自然,在叔本华身上,我们很少看到那些学者的影子,他们生就一副僵硬而不灵活的躯体,心胸狭窄,所以显得笨拙、窘迫、做作。同样,他那粗糙而严峻的灵魂使我们与其说是怀念,不如说是鄙视那些优秀的法国人的柔美和宫廷式的优雅。没有人会在他身上发现我们的德国作家所推崇的那种仿佛镀了金的伪法国风格。他的文风在某些地方让我想起了歌德,但在其他方面并没有任何德国风格。因为他知道如何深邃而不简单，引人注目而不夸夸其谈，逻辑严密而不迂腐。他能从哪个德国人那里学到这些呢？他还避免了莱辛那种毛糙、生硬和（恕我直言）颇不像德国人的方式，这是怎样伟大的功劳啊，因为莱辛是所有散文风格典范中最具诱惑力的一位作家。我对他的表达方式所能给予的最高评价，就是用他自己的一句话来形容："哲学家必须非常诚实，才能不借助诗歌或修辞。"诚实是一种东西，甚至是一种美德，是这个舆论时代所禁止的私见之一。因此，当我重申叔本华是诚实的，甚至作为一个作家也是诚实的时候，我并不是在赞美他，而只是给了他一个显著的标志。诚实的作家是如此之少，以至于我们很容易不信任每一个写作的人。在诚实方面，我只知道有一位作家可以与叔本华并列，甚至在他之上，那就是蒙田。有这样一个人的存在，生活在这个世界上的乐趣就更多了。无论如何，自从我第一次结识这位强大而高超的灵魂以来，他对我的影响就是，我可以像普鲁塔克那样评价他："我一打开他的书，就好像长出了一对翅膀。"如果让我在地球上安家，我会选择他作为我的伙伴。

除了诚实，叔本华还有一个与蒙田相同的特点，那就是真正的富有感染力的快乐，"对他人兴致勃勃，对自己通情达理"。有两种截然不同的快乐。真正的思想家，无论表现的是严肃的一面还是滑稽的一面，无论表现的是人性的洞察力还是神性的宽容，他总能传达出快乐和生命力；没有傲慢的神情，没有颤抖的双手，也没有水汪汪的眼睛，而是简单而真实，带着无畏和力量，也许有些轻率，有些严厉，但总是像一个征服者；正是这一点带来了最深刻、最强烈的快乐，让人看到征服之神与被他打败的所有怪物站在一起。但是在平庸的作家和有限的思想家身上发现的快乐，却让我们中的一些人感到痛苦，例如，我在大卫·施特劳斯的"快乐"中就感受到了这一点。我们通常为同时代人的这种品质感到羞耻，因为他们向后人展示了我们这个时代以及这个时代中的人的赤裸裸的一面。这些"欢乐之子"并没有看到他们作为哲学家本应看到的并与之战斗的苦难和怪物；因此，他们的欢乐欺骗了我们，我们憎恨它；它诱使我们误以为他们取得了某种胜利。归根结底，只有胜利的地方才有欢乐，这一点适用于真正的哲学，也适用于任何艺术作品。作品的内容可能是严酷的、严肃的，就像存在的问题永远是严酷的、严肃的一样；但只有当肤浅的思想家和业余爱好者在作品上笼罩了他们的不足的迷雾时，作品才会令人厌倦和压抑。而人的命运中最幸福、最美好的事情莫过于接近那些征服者的精神，他们深邃的思想使他们热爱最有生命力的东西，他们的智慧在美中找到了目标。他们真正在言说；他们不语无伦次，也不胡言乱语；他们真正在活动、在生活，不像别人幽灵似的戴着面具过日子。因此，在它们的陪伴下，人们重新感受到了亲切和自然，可以和歌德一起大声呼喊："生机勃勃的事物是多么奇妙和无价的东西！与周围环境多么相称，多么真实，多么真切！"

我所描述的只是叔本华给我留下的第一印象，几乎是生理性的印象，一种神奇的内在力量从自然界的一株植物散发到另一株植物，这是在最轻微的接触之后产生的。经过分析，我发现叔本华的这种影响有三个要素：他的诚实、他的快乐和他的坚韧。他是诚实的，因为他只为自己说话和写作；他是快乐的，因为他的思想战胜了最大的困难；他是坚韧的，因为他不得不这样。他的力量像火焰一样在平静的空气中升腾，笔直向上，没有一丝颤动或偏差。他找到了自己的方向，而我们却没有注意到他一直在寻找；他如此肯定、巧妙、不可避免地沿着自己的方向前进，就好像遵循着某种引力定律。有谁能感悟到，在我们这个半人马和奇美拉人的世界里，找到一个一心一意、不受影响、不受约束地走自己的路的自然之子意味着什么，他就会理解我发现叔本华时的喜悦和惊讶：我在他身上看到了我渴望已久的教育家和哲学家。

非凡之人必定孤独

一位现代英国人这样描绘生活在崇尚平凡的社会中的非凡人物可能面临的最常见的危险:"这样的非凡人物一开始会屈从,然后会忧郁、生病,最后死去。一个雪莱在英国尚且活不下去,一批雪莱的出现就更不可能了。"我们的霍尔德林、克莱斯特等人无不因其非凡而被打倒,他们在所谓的德国文化氛围中不够坚强;只有像贝多芬、歌德、叔本华和瓦格纳这样坚强的人才能立住脚跟。但即便是他们,也可以在满面的皱纹中看到斗争和挣扎之后的结果:他们的呼吸越来越沉重,声音也愈发粗暴。一位刚刚见过歌德并与之交谈过的老外交官对朋友说:"Voilà un homme qui a eu de grands chagrins!"歌德将其翻译为:"这是一个历经磨难的人。"他还说:"既然经受过的苦难和从事过的活动的痕迹无法从我们的容貌上抹去,那么从我们和我们的努力中剩留下来的一切都带有这种痕迹,也就不奇怪了。"我们的文化市侩们却把歌德视为最幸福的德国人,以此证明即使在他们之中他也是幸福的;言外之意就是,如果他在他们中间感到不幸福和孤独,这怪不得任何人。他们甚至极其残酷地提出并在实践中阐明一个定理:孤独中皆包含隐秘的罪恶。

可怜的叔本华也曾经在心中有过一种隐隐的罪责,那就是欣赏他的哲学甚于他的同时代人。他是如此不幸,以至于必须不惜一切代价捍卫自己的哲学,使其不被同代人漠视;因为有一种宗教裁判,据歌德说,德国人是这方面的行家,这就是所谓的绝对的沉默。叔本华的主要著作初版本的大部分内容都因此而变成了废纸。他的著作仅仅因为漠视而毁于一旦,这种迫在眉睫的危险使他产生了一种可怕而又无法控制的不安情绪;看到他寻找任何被认可的证据,我们不禁感到悲哀;最后,他发出的胜利的呐喊——"现在我真的可以被阅读了"——更是让我们心痛不已。在他身上,我们看不到伟大哲学家的影子,只看到一个为自己宝贵的财富而担忧的受苦者形象。他担心自己会失去不多的财产,从而不能继续保持他对哲学的那种纯粹的、真正古典的态度;他常常在自己对完全信赖和同情的人的盼望中失算,因而一再沮丧地回到他那条忠实的狗身旁;他是绝对孤独的,没有一个真正知心的朋友可以安慰他,就像总在自我和虚无之间一样,隔着无限的距离。一个人只要拥有一个真正的朋友,哪怕与世界为敌,他

每一个不曾起舞的日子
都是对生命的辜负

也不会懂得真正的孤独意味着什么。

啊，我明白了，你们不知道什么是孤独！只要有强大的社会，有政府、宗教和舆论，有暴政，孤独的哲学家就必定会遭到憎恨：因为哲学为人类提供了一个暴政无法渗透的庇护所，一个内心的避难所，一个心灵的迷宫，而这就惹恼了暴君们。孤独的人们藏身于此，但这里也潜藏着最大的危险：这些逃到内心去寻求自由的人，也必须生活在外部世界并被人看到；他们因出身、居留、教育、祖国、自身环境及他人的纠缠而身处无数的人际关系中；与此同时，人们假定他们持有无数的意见，仅仅因为它们是流行的意见，所以每一个不置可否的表情都被理解为赞同，每一个不干脆否决的手势都被理解为肯定。这些自由而孤独的人知道，他们看起来永远都不是他们自己；当他们一心追求真理和诚实的时候，却陷入了误解的网中；尽管他们怀有热切的渴望，却不能驱散笼罩在他们行为之上的偏见、牵强附会、假惺惺的让步、谨慎的沉默、曲解的迷雾；他们的眉宇间笼罩着忧郁的阴云，因为他们必须过一种虚伪的生活，这让他们生不如死。郁积的愤怒使他们变得暴躁不安、咄咄逼人；他们不时为自己的过分隐匿和被迫克制而进行报复；他们带着可怕的表情从巢穴中爬出；他们的语词和行为在这种情况下会爆发，而且有可能自我毁灭。叔本华就生活在这样的危险中。正是这样的孤独者需要爱，需要朋友，对朋友可以像对自己一样坦率真诚，在朋友面前可以不再沉默，不再虚伪。克莱斯特就是因为缺乏爱而崩溃的，而对付非凡之人最可怕的手段就是把他们逼入自我之中，使他们变得愈加狂暴。然而，总有一些非凡之人能够在这些可怕的条件下生活，并成为它的征服者；如果你想听到他们孤独的吟唱，就请倾听贝多芬的音乐吧。

每个人身上都有一种独特的创造性，而他一旦意识到这种创造性，他的四周就会出现一种非凡者特有的异样光辉。对于大多数人来说，这是难以忍受的。因为他们是懒惰的，而这种独特性则系着一副劳累和重任的枷锁。毫无疑问，对于戴着这副枷锁的非凡之人来说，生命就丧失了一切快乐、安全、轻松、名声；孤独的命运就是人们给予他的赠礼；无论他们在哪里生活，荒漠和洞穴总会立刻出现。现在他们必须小心谨慎，不能因此而屈服，更不能意志消沉。他们不妨在周围摆上战士们的肖像，叔本华便是其中之一。

哲学家的骄傲和孤独

赫拉克利特是骄傲的。如果一位哲学家感到骄傲,那就确实是一种伟大的骄傲。他的创作绝不是为了迎合"公众"、为了大众的掌声和同时代人的喝彩。孤独地走自己的路,这是哲学家的命运。他的天赋是最罕见的,在某种意义上是最不自然的,甚至和同类天赋也是相互排斥和敌对的。他的城墙必须用金刚石筑就,否则就会被摧毁,因为一切都在与他作对。他通向不朽的旅途比任何人都要艰辛和坎坷,但没有人能比哲学家更有信心到达行程的目的地——因为如果不站在广阔无垠的时间之翼上,他根本不知道在哪里停留。无视当前和当下,这是伟大哲学天性的本质所在。他拥有真理;无论时间之轮怎样随心所欲地滚动,绝不可能逃离真理。对于这样的人来说,重要的是知道:他们确实曾经存在过。例如,无人能够想象出赫拉克利特的骄傲仅是一种无根据的可能性。一切对认知的追求,就其本质而言,总是不能令人满意的。因此,无论是谁,如果不是受到历史的启发,他就不可能相信，世上有如此帝王气派的自尊和自信，竟然有人坚信自己是真理的唯一追求者。这样的人生活在他们自己的太阳系中，我们必须在那里寻找他们。毕达哥拉斯和恩培多克勒对自己也怀有一种超人类的尊敬，甚至怀有一种敬畏，不过，与灵魂转世和众生一体的伟大信念相连的同情纽带，又引导他们走向他人，走向他人的幸福与拯救。然而，我们只有在荒山野岭的悲凉中，才能略微猜到几分，阿尔忒弥斯神庙里那位以弗所隐士的孤独感。在他身上，既没有强烈的激昂的同情之感，也没有造福和拯救人类的渴望。他是一颗没有大气层的星辰。他的目光向内是热烈的，向外却是呆滞冷淡的，仿佛只是面对着幻象。在他周围，幻影和谬误的波浪直接拍打着他那骄傲的城堡，他却厌恶地扭过头去，不去理睬。而那些软心肠的人也会避开这样一个人，就像避开一具铜铸的脸谱。也许在一所偏僻的寺庙里，在许多神像中间，或者在庄严肃穆的建筑物旁，这样一种天性才更容易被理解。在人类中间，作为一个人，赫拉克利特是不近情理的。甚至当他看似和蔼可亲时，例如当他看到顽童们游戏时，他思考的也是人类在这种场合从未想到过的事：伟大的世界顽童宙斯的游戏。他不需要人类，甚至不需要人们来赞同他的见解。人们能够从他的见解中探问到什么，他之前的贤哲们已经努力探问过的一切，所有这些都与他无关。他轻蔑地谈及这些追问的、搜集的人，简言之，这些"历史"的人。"我探询和考察过我自己"，他用人们用来表示探究神谕的一句话谈论他自己，仿佛只有他才是德尔斐神谕"认识你自己"的真正实践者和完成者，而别人都不是。

然而，他把从这神谕中听出的东西视为不朽的、具有永恒解释价值的智慧，就像西比尔的预言一样影响深远。他像德尔斐神那样"既不阐明也不隐瞒"它，而今后的人类只需让它如神谕一样自我阐明，就足够了。虽然他在宣告这神谕时"没有笑容、修饰和奉承"，甚至是用"愤怒的口吻"宣布的，但它必将传至千秋万代。因为世界永远需要真理，因而永远需要赫拉克利特，尽管他并不需要世界。他的名声与他有什么关系？正如他以嘲笑的口吻宣告的那样，名声如"逝去的流水"！他的名声关乎人类，而不是他自己；人类的不朽需要他，而不是他需要赫拉克利特这个人不朽。他看到的东西，即生成中的法则和必然中的游戏的学说，从今往后必将永远被看到。他揭开了这出伟大的戏剧的帷幕。

论自我和同情

1

伪自我主义。——绝大多数人,不管他们对"自我主义"有什么看法和说法,但终其一生都没有为"自我"做过任何事情,而只是在他们周围人的头脑中形成并传达给他们的自我幻想。因此,他们都生活在无个性、半个性的观点和武断、异想天开的评价的迷雾之中。一个人总是在另一个人的头脑中,而这个头脑又在另一个人的头脑中——这是一个古怪的幻影世界,还设法给自己披上理性的外衣!这种观点和习惯的迷雾在范围上不断扩大,几乎不依赖于它所笼罩的人而存在;关于"人"的一般看法在它之中发生巨大的影响——所有那些不了解自己的人都信仰没有血肉的抽象的"人",也就是信仰一种虚构的东西;而个别强有力的人物(如王公贵族和哲学家)对这一抽象概念所造成的每一次改变,都会对绝大多数人产生非同寻常的、不可思议的巨大影响,原因很简单,在这一片迷雾中,没有一个人能够把一个真实的自我,一个他自己能够接触和理解的自我,与普遍的苍白的虚构对立起来,并将它摧毁。

2

道德时尚。——道德的总体判断经历了怎样的变迁啊!古代最伟大的伦理奇才,如伊壁鸠鲁,对现在如此普遍的牺牲精神、为他人而活的风尚一无所知;按照现在流行的道德时尚,我们真的应该称他们为不道德的人;因为他们竭尽全力为自我而战,反对对他人的一切同情,尤其是对他人的苦难和道德缺陷的同情。也许他们会回答我们说:"如果你们觉得自己是如此无趣和丑陋的人,那就想方设法多为他人着想,而不是为自己着想。你们这样做是完全正确的!"

3

令人不幸的振奋人心。——他陷入困境,那些"富有同情心"的人立刻来到他身边,向他描述他的不幸。最后,他幸灾乐祸地嘲笑了这个不幸的人和他们自己的不幸之后,心满意足地离开了,度过了一个愉快的下午。

4

环境的选择。——我们应该谨防生活在这样的环境中：我们既不能保持庄重的沉默，也不能表达我们更高尚的思想，因此，我们只能诉说我们的抱怨和需求，以及我们倒霉的经历。这样，我们就会对自己和周围的环境感到不满，除了抱怨带来的不舒服之外，我们还会因为总是处于抱怨者的地位而感到烦恼。相反，我们应该生活在一个羞于谈论自己的地方，一个没有必要谈论自己的地方。然而有谁关心这种事，关心这种事上的选择！我们谈论自己的"厄运"，弓着宽阔的背站在那边叹道："我是不幸的阿特拉斯！"

5

灵验的方子。——对需要安慰的人来说，最有效的安慰手段莫过于宣布他的处境无法给予安慰。这意味着区别对待，受苦受难的人会重新抬起头来。

6

了解自己的"个性"。——我们常常忘记，在第一次见到我们的陌生人眼中，我们与我们所认为的自己完全不同。在大多数情况下，我们表现出的不过是一种特殊的特征，这种特征吸引了陌生人的目光，并决定了我们给他留下的印象。因此，一个最平和、最公正的人，只要他有一撮大胡子，他就可以在这撮胡子的阴影下安息；因为普通人的眼睛只会在他身上看到一撮大胡子的附属品，也就是说，看到一个军人、暴躁、偶尔暴力的性格，并会据此行事。

7

园丁与花园。——潮湿阴沉的日子、孤独和不友善的言语让我们内心产生了像真菌一样的结论；某天早晨，我们发现这些结论不知从何而来，在我们面前生长起来，它们在那里蔑视我们，闷闷不乐，神情呆滞。如果思想家不是植物的园丁，而仅仅是植物生长的土壤，那就太不幸了。

8

同情的喜剧。——无论我们多么同情一位不幸的朋友，但在他面前，我们总是表现出一定程度的不真诚；我们不会像站在重病患者床边的医生那样，小心翼翼地告诉他我们所想的一切，以及我们是如何想的。

9

别让他的恶魔跑到邻人那里。——我们不妨同意,在我们这个时代,仁慈和善良是一个好人的特征;但让我们不要忘记,前提是"他首先对自己表现出仁慈和善良"。因为如果他不这样做,也就是说,如果他回避、憎恨或伤害自己,他肯定不是一个好人。那么,他只是通过他人来拯救自己:但愿这些人小心,不要因为他而遭受痛苦,无论他看上去多么好心!但是,回避和憎恨自我,并活在他人之中,为他人而活,直到现在,这一直被视为"无私",因而也被视为"善",这种看法既轻率又令人信服。

10

诱人自爱。——我们应该惧怕憎恨自己的人;因为我们很可能成为他愤怒和报复的牺牲品。因此,让我们试着诱使他爱自己。

11

自我逃避。——那些对自己不耐烦、用阴郁的眼光看待自己的智力痉挛患者,如拜伦或阿尔弗雷德·德·缪塞,他们所做的一切都像脱缰的野马,从自己的作品中获得的只是短暂的快乐和几乎要冲破血管的激情，然后是无趣和失望，这种人该如何忍受自己啊！他们渴望达到"无我"的境界。怀此渴望的人，如果是基督徒，则祈求接近上帝并与他合而为一；如果是莎士比亚，则乐于在激情生活的形象中消亡；如果是拜伦，则渴望行动，因为行动比思想、感情和作品更能使我们脱离自身。

正如帕斯卡尔所问我们的那样，对完成伟大事业的渴望是否真的只是对自我的逃避？事实上，行动欲的最高典范可以证实这个命题。不妨借助精神病医生的知识和经验公正地考虑一下，所有时代中拥有这种行动欲望的最伟大的人中，有四位是癫痫患者——亚历山大大帝、恺撒、穆罕默德和拿破仑；拜伦同样也备尝此种痛苦。

千万不要把我错认了

1

鉴于我不久就必须向人类提出那前所未有的最为艰难的要求，因此，我认为有必要在这里宣布我是谁。事实上，这应该是众所周知的，因为我已经说过和写过不少东西。但是我使命的伟大和我同时代人的渺小之间是不相称的，这种不相称表现在人们既没有听说过我，也未曾看我一眼。我靠自己的信誉而活，认为我还活着可能只是一种偏见。……我只需与任何一位夏天到恩加丁山的"有识之士"谈一谈，就能让自己相信我并没有活着……在这种情况下，有一种有悖于我的习惯和我高傲的天性的责任让我说："听着！我就是这样一个人。不要把我和其他人混为一谈！"

2

举例说,我绝不是一个妖魔鬼怪或道德怪物。恰恰相反,我的本性与迄今为止被尊为贤人的那类人截然相反。在我看来,这正是我可以引以为豪的地方。我是哲学家狄俄尼索斯的弟子,我甚至宁愿做一个萨提尔,也不愿做一个圣人。不过,读读这本书就知道了!也许我在这里成功地以一种欢快同时又充满同情的方式表达了这种反差——也许这就是这部作品的唯一目的。

我要承诺的最后一件事是"改善"人类。我不会树立任何新的偶像,但愿旧偶像能了解拥有泥塑的双腿意味着什么。推翻偶像(偶像是我对所有理想的称呼)更像是我的工作。只要理想世界被错误地假定,现实就失去了它的价值、意义和真实性……"真实的世界"与"虚假的世界"——通俗地说,虚假的世界与现实的世界。迄今为止,理想的谎言一直是现实的诅咒;通过理想的谎言,人类本身甚至其根本的天性都变得虚伪和虚假,以至于开始崇拜那些相反的价值观,或许正是这些相反的价值观才保证了人类的繁荣、未来以及对于未来的崇高权利。

3

谁若善于呼吸我的著作的气息,就会意识到这是高空的气息，是令人振奋的。你得适应它，否则，它就有可能让你感到寒冷。四周都是冰雪，放眼望去，无比孤零。但阳光下的万物是多么宁静啊！人们的呼吸是多么自由啊！人们置身其间的感受是多么丰富啊！按照我的理解，哲学是一种自愿退隐到冰雪和山峰地区的活动——寻找存在的一切奇怪和可疑的事物，寻找迄今为止道德所禁止的一切事物。通过长期在"禁地"中漫游的经历，我对导致人们道德化和理想化的原因有了一种截然不同的看法，我发现了哲学家们的隐秘历史，发现了他们追求名声的心理。一个人的思想中承载了多少真理？又敢于提出多少真理？这些问题越来越成为价值真正的衡量标准。错误不是源于盲目，错误是源于怯懦……每一次征服，每一步知识的进步，都是勇气的结果，是自我磨砺和自我净化的结果。我不反驳理想，我所做的只是在理想面前戴上手套……我们追求被禁锢的东西。有了这一手段，我的哲学终有一天会取得胜利，因为迄今为止唯一被禁锢的东西就是真理。

4

在我的著作中，我的《查拉图斯特拉如是说》占有一席之地。我用它为同胞们送上了有史以来最伟大的礼物。这本书的声

每一个不曾起舞的日子
都是对生命的辜负

音跨越时代,它不仅仅是史上最崇高的书,它还是一本真正饱含高山之气的书;它囊括了人类在遥远未来的全部事实,还是最有深度的书;它从真理宝藏的最深处诞生,是一口取之不尽、用之不竭的宝井,没有哪个吊桶放下后,不是满载金银珠宝而归的。如果一个人不想对自己的智慧犯下可悲的错误,他就必须首先倾听这本书的声音——一种平静的声音。

"最寂静的言语最能激起风暴;悄然而至的思想却将引领整个世界。我是正吹来的一阵北风,吹熟了无花果。我的朋友们啊,这些教言,就像无花果一样,坠落到你们身上;现在,请喝下它们的果汁和甜浆吧。现在正是秋意正浓、晴空万里的下午。"

在这里,没有狂热者对你说话;这不是"布道";在这些书页中,没有信仰的要求。一点一滴,一字一句,从璀璨的光源和幸福的源泉中流溢出来,语速缓慢而轻柔。最有资格的人才能听到这样的话语;能在这里聆听是一种难得的特权;查拉图斯特拉的话语不是谁想听就能听的。不过,难道查拉图斯特拉不是一个诱惑者吗?但是当他第一次重返寂寞时,他自己又说了些什么呢?他说的话与任何"圣人""圣徒""救世主"和其他颓废者所说的恰恰相反。他不仅说不同的话,而且他是不同的人……

我的门徒们,我现在独自去了!你们也去吧,一个人去!我愿如此。

真的,我恳求你们:离开我,小心提防查拉图斯特拉!最好是耻笑他!也许他欺骗了你们。

追求知识之人不仅要爱他的敌人,也要恨他的朋友。

一个人如果总是当学生,他就没有好好报答他的老师。你们为什么不想扯掉我的花环呢?

你们尊敬我,但如果有一天你们的尊敬破灭了呢?小心啊,别让一座石像把你们砸死了!

你们说信查拉图斯特拉?可是查拉图斯特拉算什么?你是我的信徒,可是全部信徒又算什么?

当你们找到我的时候,你们还没有寻找自己。所有的信徒都是如此,因此所有的信仰都是那么不值一提。

现在,我要你们丢开我,找回自己;只有当你们都不认我时,我才会回到你们身边。

自我超越

你们这些最有智慧的人,那驱使着你们,使你们感到热切的东西,你们称它为"求真意志"吗?

使一切存在物能被思考的意志:我如此称呼你们的意志!

你们想使一切存在成为被思考的对象:因为你们有充分的理由怀疑它是否可以想象。

可是它应该适应并屈服于你们!你们的意志也是如此。它将变得平和并服从精神,成为精神的镜子和映像。

你们这些最有智慧的人,这就是你们的全部意志,作为一种权力意志;即使在你们谈论善恶、评估价值时也是如此。

你们还想创造一个你们可以向其屈膝的世界:这就是你们最终的希望和陶醉。

可是非智者们,即民众——他们就像一条河,有一只小船漂浮其上,船上端坐着庄严而伪装的价值评估。

你们把意志和评价置于河流之上;它向我透露了一种古老的

权力意志，即人们所认为的善与恶。

是你们，你们这些最有智慧的人，把这些客人放在这条船上，且赋予他们富丽堂皇和骄傲的名字——你们和你们的统治意志！

现在，河流载着你的船向前：它必须载着它。即使汹涌的波涛飞溅着浪花，愤怒地抵抗着它的龙骨，那也无关紧要！

你们这些最有智慧的人，你们的危险和你们善恶的终结不是河流，而是意志本身，是权力意志——永不枯竭、繁衍的生命意志。

为了让你们理解我关于善与恶的说法：我将告诉你们我对生命的理解，以及所有生物的本质。

我探究过生命体，为了了解它的本质，我走遍了最大和最小的路。

当它的嘴巴闭上时，我用百面镜子捕捉它的目光，使它的眼睛可以对我说话。而它的眼睛的确对我说话了。

但是在我发现有生命体的地方，我也听到服从的声音。一切生命体都是服从者。

我听到的第二句话是：不能听命于自己者，就要受命于他人。这就是生物的本性。

可是我听到的第三点是：命令比服从更难。命令者承担所有服从者的重负，而且这种重负很容易将他压垮：

在我看来，所有的命令都是一种尝试和冒险；而且当生命体发出命令时，它本身就在冒险。

是的，即使在命令自己时，它也必须为它的命令付出代价。它必须为它自定的法律当裁判者、惩罚者和牺牲者。

这是怎么发生的！我问自己。是什么劝服生命体，使之服从、命令，甚至在命令时服从？

现在听我说，你们这些最有智慧的人！认真检验一下，我是否已经潜入生命的核心，潜入了生命之根！

凡是我发现生命的地方，我就会在那里找到权力意志；甚至在仆人的意志中，我也找到了成为主人的意志。

弱者将为强者服务，弱者的意志劝说他，弱者的意志是要当更弱者的主人：它不想放弃的只是这样一种快乐。

而当弱者屈服于强者时，他才能从最弱者身上获得快乐和权力，即使是最强大的人也会屈服，并为了权力而赌上生命。

冒险和面临危险，甚至孤注一掷以死相搏，这就是最强大的人的奉献。

哪里有牺牲、服役和爱的目光，哪里就有成为主人的意志。

弱者通过小路潜入堡垒，潜入强者的内心——在那里窃取权力。

"这个秘密是生命自己告诉我的。"看哪，"她说，"我就是那个必须不断超越自我的人。"

"当然，你们称其为求创生的意志，或对目标的冲动，对更高、更遥远、更多样的目标的冲动：但所有这些都是同一个秘密。

"我宁愿屈服，也不愿否认这一点；真的，哪里有没落和落叶，哪里就有生命在牺牲自己——为了权力！

"我必须奋斗，必须成长，必须有目标，必须成为目标的对立面——啊，谁猜得出我的意志，也就一定能猜到，他必须走上哪些曲折的道路！

"无论我创造什么，无论我多么爱它——不久我必然成为它和我之所爱的对手：我的意志就是这样。

"甚至你，明辨是非的人，也只是我意志的一条小径和足迹：真的，我的权力意志踩着你的求真理意志的足迹行走。

"向真理射出'求此在的意志'之言的人当然是射不中真理的：那个意志——是不存在！

"因为不存在的东西不能有意志；但是存在的东西，怎么还要实现存在呢！

"只有在有生命的地方,才会有意志:但是可是这并非追求生存的意志,而是——我这样教你——求权力的意志!"

"活着的人认为很多东西比生命本身更重要;可是正是从这种考虑中说出了——权力意志!"

生命曾经这样教过我:你们这些最有智慧的人,我还要据此为你们解开心中的谜团。

我实实在在地告诉你们:永远不变的善与恶——这是不存在的!善与恶也必须由自己不断地再超越自己。

你们这些重视价值的人,用你们的价值观和善恶公式来行使权力;而这就是你们隐藏的爱,也是你们灵魂的闪光、战栗和洋溢。

但是一种更强大的力量从你们的价值观中生长出来,一种新的超越:由此蛋和蛋壳碰得粉碎。

而谁若必须成为善恶的创造者,真的,他就必须先成为毁灭者,把价值观打得粉碎。

因此,至高的恶归属于至高的善:而这种善却是创造性的善。

你们这些最有智慧的人,让我们谈论它是否同样糟糕。沉默更糟糕,所有沉默真理都会变成毒药。

让能被我们的真理破碎的一切都破碎吧!许多房子还要建造!

CHAPTER 2

人性是复杂的，
不要轻言善恶

没有信仰的现代人 • 哲学中的教条主义 • 自由灵魂
罪犯及其近亲 • 人的类型和价值 • 对学者的解剖
我为什么如此智慧 • 我为什么如此聪明

没有信仰的现代人

1

有谁像我一样,在某种神秘愿望的驱使下,长期以来一直努力探究悲观主义问题的根源,并将其从半基督教半德国的狭隘和幼稚中解脱出来,也就是从叔本华哲学中解脱出来;不管是谁,只要他以亚洲人或超亚洲人的眼光,从内心深处,从一切可能的思维模式中,超越了善恶,不再像佛陀和叔本华那样,处在道德的驱使和妄想中,不管是谁,只要他这样做了,也许他就因此睁开了眼睛,看到了与之相反的理想。这其实并非其本意:那种最得意、最鲜活和最肯定世界的理想人类,他们不只是学会勉强接受和忍受已有和现有的东西,而是希望永远拥有过去和现在的事物,他们永不满足、周而复始地呼唤着,不仅呼唤着他们自己,而且呼唤着整出戏、整场演出;不仅呼唤那一出戏,而且呼唤恰恰需要这出戏,并使这出戏变得必要的那个人:因为他总是不断地需要自己，使自己变得必要。

2

随着人的视野和洞察力的扩大和增强，人与人之间的距离和周围的空间在不断扩大，人的世界也变得更加广阔，新的星辰、新的谜团和新的观念不断出现在人们的视野中。也许，精神的眼睛用来训练其锐利性和深刻性的一切事物，只是一个动机，要引发他的练习，只是一种游戏，给小孩子和幼稚者去玩的某种东西。也许有一天，对我们来说，最庄严的、引起最多争斗和痛苦的概念，即"上帝"和"罪恶"的概念，将不再重要，就像对一个老人来说，一个孩子的玩具或一个孩子的痛苦不再重要一样。也许到那时，另一个玩物和另一种痛苦对"老人"来说将是必要的，——还是个孩子啊，永远是个孩子！

3

人们是否注意到，对于一种真正的宗教生活来说，（无论是其最爱做的、显微镜下自我审视的劳动，还是其被称为"祈祷"的柔和平静），一种外在的懒惰或者半懒惰在何种程度上是必需的？我指的是由来已久、问心无愧的懒惰，贯穿在血脉中的懒惰，对于它，那种认为工作是耻辱（即工作使灵魂和肉体平庸）的贵族心态可不陌生。因此，那种现代的、喧闹的、充分利用时间的、自负的、愚蠢而骄傲的勤劳，比任何其他东西都更能成为"无信仰"的培养基和铺路石？例如，在德国目前脱离宗教而生活的这些人中，我发现有不同种类和出身的"自由思想者"，尤其是那些世世代代的劳作消解了宗教本能的大多数人，他们不再知道宗教有什么作用，只是惊得发呆，发觉世上竟然还有宗教存在。这些老实人觉得自己已经忙得不可开交，不管是工作还是享乐，更不用说"祖国"、报纸和"家庭责任"了；他们似乎根本没有时间去信教；最重要的是，他们不知道信教是为了新的工作还是新的享乐，他们对自己说，人们进教堂不可能只是为了败坏了自己的好心情。他们绝不是宗教习俗的敌人；在某些情况下，也许是国家事务需要他们参与这种习俗，他们就会像做许多事情一样，耐心地、不卑不亢地认真去做，而不会有太多的好奇心或不适感；他们置身事外，对这种事情，甚至都不屑表示一下同意或者反对。目前德国中产阶级的大多数新教徒都是这些漠不关心的人，尤其是在繁忙的贸易和商业中心；同样情形的还有大多数勤奋的学者和整个大学的教职工。

人们很少站在教徒的立场上设想一下，现在德国学者认真对待宗教问题时，需要多少善意；他的职业（以及从勤奋出发，他的现代良知使他承担勤奋的义务）使他在宗教问题上倾向于一种崇高的、近乎善意的宁静，偶尔还夹杂着对精神"不洁"的轻微蔑视；他认为，哪里有人自称属于教会，哪里就必定存在这种精神"不洁"。只有借助历史（而不是通过自己的亲身经历），学者才能成功地使自己在面对宗教时肃然起敬，并表现出某种胆怯的顾虑。但即使当他的情感达到了对宗教的感激阶段，他个人也没有向教会或虔诚的宗教靠近一步，甚至可能恰恰相反。在他出生和受教育的环境中，人们对宗教事务满不在乎，这种淡漠的态度通常会在他身上升华为一种谨慎小心和洁身自好，使他避免与宗教人士和事物接触。也许正是他的宽容和人性的深度，叫他避开宽容本身带来的微妙窘境。每个时代都有它特有的、会因此而受其他年代羡慕的超凡脱俗的天真，而在学者所持的那种优越性信念中，在他的心安理得的宽容中，在那种无所顾虑的安稳中，有多少天真啊，那可敬的、孩子气的、蠢到没边的天真！他本能地把宗教人士当作低等人和下贱者，而他自己便脱颖而出，高踞其上了。他，这个渺小狂妄的侏儒和贱民，为"理念""现代理念"干活的勤快伶俐的脑力和手工劳动者。

4

凡是深入观察过这个世界的人，无疑都能从人的肤浅中领悟到其中的智慧。正是人的自保本能教会他们肤浅、轻浮和虚假。在哲学家和艺术家身上，人们时不时会发现对"纯粹形式"的狂热和夸张的崇拜：毋庸置疑，凡是对肤浅的崇拜达到这种程度的人，或多或少都曾不幸潜入肤浅的崇拜之中。也许，对于那些惹是生非的孩子们，那些天生的艺术家们而言，他们只有在故意伪造自己的图像（仿佛是对生活进行持续不断的报复）时，才能找到生活的乐趣；对这些人而言，大概还有一种等级秩序：或许从他们希望看到生活的形象被伪造、被歪曲、被极端化和被神化的程度，我们可以猜测生活在多大程度上让他们感到厌恶；我们可以把艺术家中的"宗教徒"视为他们的最高等级。这是一种对无可救药的悲观主义深切的、猜忌的恐惧，这种悲观主义迫使整个世纪的人们咬紧牙关对存在进行宗教式的解释：这是一种对本能的恐惧，这种本能认为，在人类变得足够强大、足够坚韧、足以成为艺术家之前，就有可能过早地得到了真理。从这个角度看，虔诚之心，"为神而生"，似乎是对真理的恐惧的最精致、最终极的产物，是艺术家在这一切始终不渝的伪装面前表现的爱慕与陶醉，是颠倒真理的意志，是不惜一切代价的不真实。也许迄今为止,没有比虔诚更有效的美化人类的手段了,通过虔诚,人类可以变得如此艺术、如此肤浅、如此光彩夺目、如此美好,以至于他的外表不再令人反感。

5

为了上帝而爱人类。——这是迄今为止人类所能达到的最高尚、最遥远的情感。假设背后若没有任何救赎的意图,对人类的爱就只是一种愚蠢和兽性。这种爱的倾向唯有从某种更好的偏好那里,才能获得尺度和精度,才有了盐粒和香精。无论谁最先感知和"体验"到这一点,无论他的舌头在试图表达如此微妙的事情时多么结巴,他都是我们眼中的圣人,值得我们尊敬,因为迄今为止他飞得最高,走得最远!

哲学中的教条主义

假设真理是女人,那又怎样呢?难道我们没有理由怀疑,所有的哲学家,只要他们是教条主义者,他们就不了解女人。他那种骇人的一本正经,他们在追求真理时常表现出来的那种笨拙的狂热,难道不都是赢得女人芳心的不熟练的不体面的手段吗?但毋庸置疑的是,她不肯就范;如今,只剩下形形色色的教条主义还站在那儿,黯然神伤。假如它们还真能站在那儿的话!因为有人嘲笑说,所有的教条主义已经倒下了,甚至已经奄奄一息。但是,严肃地说,我们有充分的理由希望,哲学中的一切教条主义,无论它表现得多么庄严肃穆、多么具有决定性和决断力,都不过是某种高高在上的幼稚和外行罢了。但也许,人们会一再认识到,什么才是教条主义者迄今为止所建立的气势恢宏、确凿不移的哲学大厦的真正基础。也许是一些自古以来就流行的迷信(比如对灵魂的迷信,这种对主体或自我的迷信,至今仍在作恶);也许是一些文字游戏、语法上的欺骗,或者是对非常狭隘、非常个人化、颇为人性的事实的大胆概括。希望教条主义者的哲学在数千年后只是一种承诺,就像更早时期的占星术一样,为其耗费的劳力、黄金、敏锐和耐心可能比迄今为止任何一门真正的科学都要多。它和它"超凡脱俗"的诉求,曾在亚洲和埃及造就了宏伟的建筑风格。看来,为了在人类心中留下永恒的印记,所有伟大的事物都必须先以巨大的、令人敬畏的怪物形象在世上游荡。教条主义哲学就是这样的怪物,比如亚洲的吠檀多学说和欧洲的柏拉图主义。面对此类怪物,我们不应该忘恩负义,尽管我们必须承认,迄今为止最糟糕、最令人厌烦、最危险的错误就是教条主义的错误,即柏拉图发明的纯粹精神和善本身。但现在,当它被克服了,当欧洲摆脱了这一噩梦,可以再次自由地呼吸,至少可以享受更健康的睡眠时,我们必须肩负着保持清醒的职责,继承与这一错误的斗争所孕育的全部力量。柏拉图所说的"精神"和"善",是对真理的颠倒,是对"视角"的否定,是对生命的基本条件的否定。"古代最杰出的人物柏拉图会得这种病?难道邪恶的苏格拉底真的腐蚀了他?难道苏格拉底终究是一个腐蚀青年的人,活该被毒死吗?"但是反对柏拉图的斗争,或者更直白地说,为了"人民"反对几千年基督教的教会压迫的斗争,已经在欧洲造就了一种前所未有的巨大的精神张力。有了这样一张绷紧的弓,人们现在可以瞄准最远的目标。而事实上,欧洲人把这种紧张状态看作是一种痛苦的状态,他们曾两度大张旗鼓地试图松弛弓弦,一次是通过耶稣会教义,第二次是通过民主启蒙,借助于新闻自由和读报自由,民主启蒙实际上可以使精神不再那么容易陷入"痛苦"!(德国人发明了火药,这要归功于他们!可是他们又将它一笔勾销了,因为他们发明了报纸)。但我们,既不是耶稣会士,也不是民主主义者,甚至也不完全是德国人,我们是优秀的欧洲人,是自由的,十分自由的思想者,依然承受着全部的精神窘困,承受着精神之弓的所有张力!也许还有那支箭,还有使命,谁知道呢?也许还有目标……

自由灵魂

1

一个人必须接受自己的考验，考验自己是否注定要独立和指挥，并且要及时这样做。我们决不能回避自我考验，尽管这也许是我们所能玩的最危险的游戏，但归根结底，这些考验只是在自己面前进行的，我们是目击者，并无别的裁判在场。不要依赖任何人，哪怕是最亲爱的人——每个人都是一座监狱，也是一个角落；不要依赖某个祖国，哪怕它是最痛苦、最需要帮助的——割舍一个战无不胜的祖国，这相对来说要容易些；不要依赖某种同情，哪怕是对更高尚的人——偶然的机会让我们看到了他们偶然的痛苦与无助；不要依赖某种科学，哪怕它以最有价值的发现诱惑着我们；不要依赖鸟儿那特有的遥远和陌生，它总是飞得更高，以便看到更多的风景——展翅高翔是危险的。不要依赖我们自身的美德，也不要成为我们任何特长的牺牲品，比如我们的

"友好"：这对于高度发达和富裕的灵魂来说是险上加险，它挥霍无度，几乎淡漠地对待自己，把慷慨这一美德变成了罪恶。一个人必须懂得如何保护自己——这是对独立的最好考验。

2

一个新的哲学家群体正在出现，我冒昧地给他们起一个无危险的名字。正如我猜到的，正如他们让人猜到的——他们的意愿就是希望自己仍然是个谜——这些未来的哲学家想要一种权利，也许是一种非分之想：想要被称为蛊惑者。这个名称本身毕竟只是一种尝试，也不妨说是在蛊惑人去尝试。

3

这些即将到来的哲学家会成为"真理"的新朋友吗？很有可能，因为迄今为止，所有哲学家都热爱他们的真理。但他们肯定不会是教条主义者。倘若他们的真理对每个人来说都是真理，那必定是他们的骄傲和品味；而这正是迄今为止所有教条主义者为之奋斗的隐秘愿望和最终目的。"我的观点就是我的观点：别人没有权利轻易拥有它"——也许未来的哲学家会这么说。我们必须摒弃想要与许多人达成一致的恶趣味。挂在邻人嘴边的"好"

就不再是好的。怎样会有一种放之四海而皆准的东西呢！这种说法是自相矛盾的：能够共同拥有的东西总是价值不大。到头来，一切都必须保持原样：伟大的东西留给伟大的人，深渊留给深沉的人，细微和战栗留给精细的人，简而言之，一切稀有的东西留给稀有的人。

4

我还需要明确地说，这些未来的哲学家，他们将是自由的，拥有非常自由的精神，——当然，他们不仅仅拥有自由的精神，还是更伟大的，从根本上与众不同的，某种不愿被误会和混淆的人。然而，当我这样说的时候，我觉得对他们和对我们自己（我们这些自由精神的先驱和先行者）一样，都有义务彻底扫除一种愚蠢的陈旧偏见和误解。这种偏见和误解就像一团迷雾，长期以来使"自由精神"的概念变得模糊不清。在欧洲的每一个国家，在美国也是一样，目前都有一些东西使得这个名字被滥用，那是一种很狭隘、先入为主的、被束缚的精神，他们的愿望几乎与我们的意图和本能相反，更何况对于正在出现的新哲学家来说，他们肯定会成为紧闭的门窗。简而言之，令人遗憾的是，这些被错误地命名为"自由精神"的人，他们巧舌如簧，却是民主趣味及其"现代观念"的奴隶;他们统统都是没有孤独的人,没有自己特有的孤独,呆头呆脑的乖孩子,既不该说他们没有勇气,也不该说他们没有令人尊敬的好习惯,只是他们并不自由,而且肤浅得可笑,尤其是还特别爱好把人类几乎所有的痛苦和失败的原因都归咎于社会迄今为止存在的旧形式。殊不知这样一来,真理就被幸运地倒了个儿!他们竭尽全力想要实现的,是普天同庆、绿草如茵的幸福生活,那里每个人都能生活得稳定、安全、舒适、轻松;他们最常哼唱的两套曲子或两种学说被称为"权利平等"和"同情所有受苦者",——苦难本身被他们视为必须消除的东西。然而,我们这些反其道而行之的人,我们这些对那个问题——人这株植物迄今为止是如何以及在哪里生长得最茂盛的——肯付出一点眼力和良心的人们,则以为这一生长每次都在相反的条件下发生,为此人类处境的危险性必定先会剧增,他的创造力和辨别力(他的"精神")必须在长期的压迫和强制下发展成精细和大胆,他的生命意志必须提升为无条件的意志。我们以为,严酷、暴力、奴役、世道人心的险恶、隐忍、委曲求全、各种蛊惑术的邪念,人类的一切邪恶、可怕、暴虐、掠夺和蛇蝎心肠——作为"人类"这一物种的对立面,人身上的所有这一切,都在那么好地服务于"人"这个物种的提高。我们说了那么多,甚至都没能一口气说完,在这一点上,不管谈论还是缄默,我们都处于所有现代意识形态和集体欲望的另一个极端,也许是它们的对立面?难怪我们这些"自由精神"并不完全是最善于交流的精神;难怪我们不愿在任何地方透露,一个精神能从何处得以解放,又有可能被驱赶到何处?

至于"善恶的彼岸"这一危险说法的含义,我们至少要避免与之混淆,我们不是"自由论者""自由思想者",谁知道那这些"现代理念"的诚实拥护者爱给自己起什么名字。在许多精神领域中,我们都是主人,或者至少是客人,我们一次又一次地从阴暗的、令人愉快的角落中逃脱出来。在这些角落中,偏好和偏见、青春和出身、与人或书的偶然相遇,甚至旅行的疲惫似乎都将我们禁锢。我们对那些隐藏在荣誉、金钱、地位或感官享受中的依赖诱惑充满了恶意;对穷困与善变的疾病心存感激,因为它们总是把我们从某个规则及其带来的"成见"那里解脱出来;对我们心中的上帝与魔鬼、绵羊与蠕虫心存感激,好奇直至成为恶习,探究直至变得残酷,毫不犹豫地伸手抓取难以把握的事物,以利齿和胃对付简直消化不了的东西,对任何需要智慧和敏锐感觉的事情都做好了准备,对任何冒险都做好了准备。由于过多的"自由意志",我们的灵魂介于前部和后部(很难窥探其最终意图），前台和后台（谁都不能摸透他们的底细）之间，隐藏在灯罩下；我们是征服者，尽管我们既像继承人，又像挥霍者；我们从早到晚都忙着归类收藏，守着我们的财富却是一毛不拔，精打细算地学习并遗忘，在条条框框里颇有创造发明，有时为某些个范畴表感到自豪，有时做个书呆子，有时在白天也做一只工作的夜猫子，如果有必要，甚至可以做个稻草人——今天这样做还是必要的，也就是说，我们生来就忠诚而心怀嫉妒地做孤独之友，我们各自持有最深沉的子夜和正午的孤独——这样的人就是我们，我们这些自由精神！也许你们也是，你们这些未来的人？你们这些新哲学家？

罪犯及其近亲

1

罪犯及其同类。——罪犯类型是处于不利条件下的强者类型,是病态的强者。他远离荒野,远离某种更自由、更危险的自然和生存形式,正是在这样的环境中,强者的本能中的一切武器装备才能合法地存在。他的美德不被社会接受;他与生俱来的最有活力的冲动与令人沮丧的情绪,与猜疑、恐惧和耻辱交织在一起。但是这几乎是造成生理退化的秘诀。谁必须偷偷摸摸地做他最擅长、最爱干的事情,带着长期的紧张、谨慎、狡猾,谁就会变得贫血;因为他从本能中得到的,始终只有危险、迫害和死亡,甚至他的感情也转而反对这些本能——他会对之持一种宿命的态度。这就是社会,我们这个驯服、平庸的社会,让一个来自山野或经历过海上冒险的天然之人必然堕落为罪犯。或者说这几乎是必然的,因为在有些情况下,这样的人表现得比社会更强大:科

> 每一个不曾起舞的日子
> 都是对生命的辜负

西嘉人拿破仑就是最著名的例子。就目前的问题而言,陀思妥耶夫斯基的证词非常重要——顺便说一句,陀思妥耶夫斯基是唯一一个我可以向他学习的心理学家:他是我生命中最美妙的幸事,甚至比发现司汤达还要幸运。这位博学多才的人,他十分正确地鄙视那些肤浅的德国人;他曾经长期生活在西伯利亚囚犯中间,对那些无法回归社会的重刑犯有着与他自己的预期大相径庭的看法:他们差不多是由俄罗斯土地上生长得最好、最坚硬、最名贵的材料雕刻而成的。我们不妨把罪犯的例子延展一下,让我们想象一下那些由于某种原因未能得到公众认可的人,他们知道自己,既不被视为有益的,也不被视为有用的——他们有一种贱民感,那种不被平等对待,被视为被抛弃的、不值得的、污浊之物的感觉。所有这些天性在其思想和行为上都带有一种地下的霉味;与沐浴在阳光之下的人相比,他们身上的一切都更为苍白。但是几乎所有我们今天赞扬的人,以前都生活在这种半腐朽的氛围中:科学工作者、艺术家、天才、自由思想家、演员、商人和伟大的探险家……我敢保证,这样的时代即将来临:那时,那些牧师被视为最低类型的人,视为我们的贱民,视为最虚伪、最令人不齿的一类人。我注意到这样一个事实:即使是现在,在世界(至少是在欧洲)最温和的习俗和惯例的支配下,每一种怪癖,每一种长久的、过于漫长的地下生活，每一种不寻常的、不透明的生存形式，都趋近于罪犯所完美体现的那种类型。所有精神先驱的额头上都会暂时出现苍白而宿命的标志：不是因为他们被视为贱民，而是因为他们自己感受到了将他们与一切传统和荣誉隔开的可怕鸿沟。几乎每一个天才都知道"卡提利纳式的生存是他成长过程中的一个阶段，这是一种对于一切已经存在、不再改变之物所怀有的那种仇恨、报复和反抗的情绪……卡提利纳——每个恺撒的前存在形式。"

2

这里视野开阔。——当哲学家缄口不言时，这可能是触及了他的心灵；当他自相矛盾时，这可能是爱的表现；说谎可能是认识者的一种谦恭。有人说，"伟大的心灵把他们感受到的骚动流露出来是不体面的"，但有必要补充的是，不惧怕最失体面之事也可以是心灵的伟大。一个爱着的女人献出她的贞操；一个"爱着的"认知者也许献出他的人性……

3

美不是偶然的。——即使是一个种族或一个家族的美，其

> 每一个不曾起舞的日子
> 都是对生命的辜负

姿态中的优雅和宽容,都是经过艰苦努力得来的:就像天才一样,它是世世代代积累的最终结果。人们必须为良好的趣味做出巨大的牺牲,必须为它做了很多,付出了很多。十七世纪的法国在这两方面都令人赞叹:人们对于同伴、场所、着装、性本能的满足,一定有一个挑选的标准;美一定比利益、习惯、观点和懒惰更重要。最高准则:即使是在独处的时候,任何人都不能"放纵自己"。一切美好的东西都是遗产,不是继承来的东西都是不完美的,只是一个开端……在西塞罗时代的雅典,男人和年轻人的美貌远远胜过女人,西塞罗对这一事实表示惊讶,可是,在此前的几个世纪中,男性为了美貌付出了多么艰辛的努力!在这里,人们不要用错了方法:我们绝不能误解所采用的方法,仅仅培养感情和思想是毫无用处的(德国文化的最大错误就在于此,它完全是虚幻的);人们必须首先说服身体。严格保持高贵而有品位的举止,承诺只与不"放纵自己"的人来往,这就足够了:两三代以后,一切便都会内化。人们应当从正确的地方开始文化事业,而不是从"灵魂"开始(这是祭司和半祭司的致命迷信),这对民族和人类的命运具有决定性意义:正确的地方是身体、举止、饮食、生理,其余的都是由此而来……这就是为什么希腊人仍然是文化的先驱——他们知道并做了该做的事。

/ 人性是复杂的,不要轻言善恶 /

4

我所理解的进步。——我也谈到"回归自然",虽然这不是一个回归的过程,而是一个上升的过程,上升到崇高、自由甚至可怕的自然和天性中去;这是一种戏弄,这样的天性有权戏弄伟大的使命……打个比方:拿破仑是"回归自然"的典范(比如在迷阵战术方面,特别如军人所知,在战略方面)。但卢梭——他想回归到哪里呢?卢梭是现代人中的第一人,他需要道德上的"尊严"来忍受自己的观点,他患有过度虚荣症和过度自卑症。这个处于新时代来临之际的怪胎也希望"回归自然"。但是,我再问一次,他希望回归何处?我憎恨卢梭,甚至憎恨大革命本身:它是理想主义者和贱民这双重身份的世界历史表达。这场革命最终演变成血腥闹剧,它的"不道德",与我关系不大;然而,我厌恶的是它的卢梭式道德——所谓革命的"真理",通过这些真理,它仍然在行使权力,说服所有肤浅和平庸的人加入它。平等学说!……但是,没有比这更致命的毒药了:因为它看似出自正义之口,实际上却为一切正义拉下了帷幕……"给平等者以平等,给不平等者以不平等"——这才是真正的公正,而且,由此得出的结论是,"永远不要让不平等者平等"。平等的学说伴随着如此多的恐怖和鲜血，给这一卓越的"现代思想"披上了火焰和荣耀的光环，以至于这场革命作为一种景象甚至误导了最崇高的灵魂。

人的类型和价值

1

让我们来审视一下自己。我们是极北族人；我们很清楚，我们生活的地方有多偏远。"无论是陆路还是水路，你都找不到通往极北族人的道路"：这一点，品达就非常清楚。极北族人位于北方、冰雪和死亡的彼岸，位于我们的生活、我们的幸福的彼岸。

我们发现了幸福，我们知道幸福的方向，我们从数千年的迷宫中获得了幸福的知识。还有谁找到了呢？今天的人？不，因为现代人总是叹息说："我既不知道如何出去，也不知道如何进去；我就是既不知道出路，也不知道进路的人。"

我们已经染上了现代性这种病：懒惰的和平、懦弱的妥协。我们对整个现代"是"与"否"的龌龊感到恶心。这种因为"理解"一切而"宽恕"一切的宽容和博大的胸怀，对我们来说是一阵令人难受的西罗科热风。我们宁可生活在冰天雪地之中，也不要生活在现代美德和其他诸如此类的南风之中！

我们过去有足够的勇敢，我们既不吝惜自己也不吝惜他人；但是我们很长时间都不清楚自己的勇气该何去何从。于是，我们越来越沮丧，有人称我们为宿命论者。我们的宿命是充实、紧张和力量的积蓄。我们渴求光明和伟大的行动；我们尽可能远离弱者的幸福，远离"屈从"……我们的世界充斥着雷声；我们的天性就像大自然一样变得阴云密布，因为我们还没有找到方向。我们的幸福公式就是：一个肯定、一个否定、一条直线、一个目标……

2

什么是善？任何能增强人的权力感、权力意志和权利本身的东西。

什么是恶？任何源于虚弱的东西。

幸福是什么？幸福不过是那种意识到权力在增长，意识到反抗被克服的感觉。

幸运不是满足，而是更多的权力；不是和平，而是战争；不是美德，而是效率（文艺复兴时期的德行，恰恰是与道德无关的德行)。

弱者和碌碌无为者必将灭亡：这是我们对人类的爱的首要原则。我们甚至应该帮助他们自取灭亡。

什么比任何恶习都更有害？——对失败者和弱者的实际同情……

3

我在这里提出的并不是什么取代人类在生物序列中地位的问题(人类是生物发展的终点)，而是我们必须培育出哪种类型的人？什么类型的人才具有更高的价值，才更值得生存，对未来才更有信心？

这种具有更高价值的类型，在过去经常出现，但总是作为一种偶然的、例外的情况出现，从来没有被刻意安排过。很多时候，它恰恰是最令人恐惧的，甚至几乎已经被大家公认为"恐惧"的代名词。正是出于这种恐惧，大家倒反过来希望培育一种相反类型的东西，而且事实上也出现了：家禽家畜、温顺的羊群、人这种动物。

4

人类肯定不会像现在理解的那样发展,即人类的发展并不代表一种向更好、更强或更高层次的进化。这种"进步"只是一种现代观念,甚至是一种错误的观念。今天的欧洲人在本质价值上远远低于文艺复兴时期的欧洲人,进化的过程并不一定意味着提升、增强和强化。

诚然,在完全不同的地方以及在完全不同的文化中,个人成功的案例倒是经常出现。在这些案例中,一种更高的类型的人肯定会显现出来;与大众人类相比,这个类型的人似乎是一种超人,一种对人类的超越。这样的幸运事件一直都有可能发生,也许在未来的任何时候也可能发生。甚至整个种族、部落和国家偶尔也会出现这种情况。

5

我们不应该对基督教加以修饰和美化,因为它发动了一场对更高类型的人的殊死的决战;它把这种人的所有最深层的本能都置于它的禁制之下;它从这些本能中发展出了它的邪恶观念;它把强大的人看作是应该被诅咒的人,是"可恶的人"。基督教站在了所有弱者、卑微者和碌碌无为者的立场上;它把与健全生活中所有自我保护的本能对立的东西作为理想；它甚至败坏了所有蕴藏于最高贵、最强大的天性之中的理性，把精神性的最高的价值说成是罪恶的、误导人的、充满诱惑的。最可悲的例子莫过于帕斯卡尔的堕落，他竟然相信自己理性的堕落是因为原罪，但实际上，他的理性的堕落是由于他所信仰的基督教。

6

我的眼前浮现出一幅可怕而可恶的景象：一直被遮蔽着的人的"堕落"暴露在光天化日之下。我口中的"人的堕落"并不含有对人类的道德责难。在这里，我必须再三强调，这个词在使用时并没有任何道德意义。而事实也正是如此，我就算在人们迄今为止最渴望追求的"美德"和"虔诚"之中，也强烈地感受到了这种堕落。你们可能猜到了，我是在"颓废"的意义上理解"堕落"的；我认为人类目前寄予最高期望的所有价值都是颓废的价值。

当一个动物、一个物种、一个个体失去其本能时，当它选择、偏爱对它有害的东西时，我称之为堕落。将来我很可能讲一讲有关"更高尚的情操"以及"人类理想"的历史，这几乎可以解释人类为何如此堕落。

在我看来，生命的本能就是在追求成长和延续、追求力量和权力；哪里没有权力意志，哪里就有灾难。我的观点是，人类所有的最高价值都缺乏这种权力意志，而颓废的价值、虚无主义的价值现在以最神圣的名义主宰了一切。

对学者的解剖

科学与智慧的关系正相当于道德与神圣的关系：它冷漠、枯燥、无情，对任何深刻的不满和渴望都一无所知。它在帮助自己的同时也伤害了它的仆人，它把自己的特性转嫁给他们，使他们的人性变得僵硬。只要文化在本质上被理解为科学的进步，它就会冷酷无情地从伟大的受难者身旁走过，因为科学只看到问题，而苦难对它来说是陌生的、无法理解的，至多也是一个问题罢了！

如果一个人习惯于把一切经验转化为辩证的问答游戏，转化为"纯粹理性"的语言，那么他很快就只剩下一副咯咯作响的骨架了。人人都知道这一点，但年轻人丝毫没有被这副骨架吓退，仍然盲目地、轻率地、毫无节制地投身于科学，为什么会这样呢？这不可能是所谓的"追求真理的冲动"，因为怎么会有追求纯粹、冷酷、无结果的认识的冲动呢？唯有不受拘束的眼光才能清楚地看到科学的仆人身上的真正推动力量是什么。既然学者

每一个不曾起舞的日子
都是对生命的辜负

们喜欢对所有事物（包括价值的事物）进行研究和分析，那么我们也不妨解剖一下他们。我认为，学者身上交织着极不相同的动机，他们是一种极不纯净的金属。

首先是强烈的好奇心，在认识领域对冒险的渴望以及人的喜新厌旧的本性。此外，人们还喜欢像猎人追踪狐狸一样探寻辩证法的蛛丝马迹。这种欲望与其说是对真理的追求，不如说是对真理的追逐，其主要乐趣在于包抄、围猎和巧妙地捕杀。斗争本身成了乐趣，个人的胜利才是目的，真理只是它的借口。学者还怀着想要发现某一些"真理"的冲动，目的是向权贵、金钱、舆论、教会、政府献媚，因为他相信，如果主张"真理"在他们那里，对自己是有好处的。在这些学者身上，经常出现下述特征：

第一，厚道而具备常识，倘若它们不只是表现为笨拙和不会伪装的话（伪装则需要一点机智），是应该给予高度评价的。事实上，无论在何处，只要有人显得十分机智，人们就可能会对他保有警惕，怀疑他是否正直。另一方面，那种厚道通常没有什么价值，对于科学也很少有帮助，因为它遵循传统，喜欢说一些老生常谈或不置可否的话；在这些方面，直言比隐瞒更加省事。而一切新的东西都意味着人们需要重新学习，因此在这种情况下，厚道便尊重保守的舆论，责备新事物的倡导者缺乏对合理事物的认知。对于哥白尼学说，它之所以反对，是因为它认为视觉和习惯是站在它这一边的。学者经常憎恨哲学，尤其是憎恨冗长的推理和矫揉造作的证明。的确，每一代学者大致上都有一个不自觉的标准，超过这个限度，聪明才智就不被允许，一切都会被怀疑是否忠厚。

第二，缺乏全局观和整体意识。学者的眼界通常很窄，他的眼睛必须紧盯着对象。倘若想从某个观察过的点转向下一个点，他必须把自己的整个视觉器官移向那个点。他把一幅画分解成一小块一小块的，就像一个人用望远镜看舞台，一会儿看见一个脑袋，一会儿看见一块衣服，但从未看到过全景。他从来不把单个的部分组合在一起看，而只是推断它们之间的联系，因此他对整体没有深刻的印象。例如，他只能通过某些段落、句子或某个缺点来判断一部文学作品的好坏，而不会从大体上判断；他或许认为一幅油画也只是颜料的杂乱堆砌。

第三，在好恶两方面都平庸且乏味。由于这个特征，他特别喜欢历史，因为他可以把自己的动机融入过去的行为中。一只鼹鼠只有在鼠洞里才感到最舒服。他警惕一切人为而过分的假设，却对过去时代的所有卑鄙动机感同身受。因此，在绝大多数时候，他不善于理解和评价稀少、伟大、独特的事物，亦即重要和根本的事物。

第四，天性冷漠。他适合于从事活体解剖。他对认知本身所带来的痛苦一无所知，所以不怕涉足令别人心惊胆战的领域。他是冷静的，因而很容易显得残忍。别人认为他很勇敢，其实不然，就像骡子并非大胆，只是不会感到头晕而已。

第五，对自己的评价过低。即使被圈在一个可怜的角落，他也丝毫不感到是牺牲和浪费。他似乎清楚地明白，自己不是飞禽，而只是爬虫，这让他显得更加可悲。

第六，对师辈忠心耿耿。他怀着感恩之心，因为多亏了老师的提携，他才得以走进科学的殿堂，如果单凭自己的摸索，他是绝不可能进入的。如今，当老师的只要能开辟一个新的领域，让他的弟子们做出一点成绩，他就会立刻出名。当然，这些感恩戴德的学生也是老师的不幸，因为他们都在模仿他，而他的缺点在这些小人物身上被夸大了，相反，优点则相应地被缩小了。

第七，毫无开拓性。他习惯于跟随前人的步伐，缺乏想法，只遵循过去养成的习惯。这种天性的人是索引和植物标本的搜集者、讲解者、制作者；他之所以在一个领域里学习和研究，是因为他从未想过还有其他领域。他的勤奋与极其愚笨的重力有相似之处，所以他们常常十分多产。

第八，逃避无聊。真正的思想家最渴望的就是闲暇，而平庸的学者却害怕闲暇，因为他不知道该如何利用闲暇，书籍是他的慰藉。他倾听每个人的不同想法，以这样的方式来消磨漫长的日子。他尤其会选择与自己或自己的立场有关的书，与自己的政治、美学，甚至语法观点有关的书；因为只要有了一门自己的学科，他就不会缺少消遣的手段和驱赶无聊的苍蝇拍了。

第九，养家糊口者的动机。当真理可以实现时，它就会被用作获得优越地位的直接手段，或者作为获得荣誉和面包的一种方式。然而，这只是在"特定真理"的意义上：有利可图的真理和无利可图真理之间存在着无法逾越的鸿沟，前者有许多人为之效劳，后者却只有少数人为之献身，他们可不认为肚子是才华的赠予者。

第十，提防同行，怕遭他们小看。与前一个动机相比，这个动机较稀少却更高级。同行之间都满怀嫉妒，互相提防，使得意味着面包、荣誉和地位的真理，真正是以发现者命名的。一个人发现了真理，大家就会对他表达敬意，这样，一旦自己发现真理时，也可以要求同样的回报。错误和失误招致舆论，被轰然推翻，从而使竞争的人数不会太多；然而，真正的真理有时也会被推翻，好让那些顽固的谬误暂时露面；正像在任何地方一样。

第十一，从虚荣心出发的学者（这就很少见了）。他会想方设法找一个完全属于自己的地盘，也是就选择冷僻古怪的项目，最好这些项目还需要不同寻常开支、旅行、研究以及大量的国际联系。他非常满足于自己被视为奇才的荣誉，从不奢望通过研究来谋生。

第十二，从游戏冲动出发的学者。他的乐趣是寻找和解决学科中的难题；他这样做的时候，又不会太起劲，因为他不想失去游戏的感觉。虽然没有深入其中，他却能经常观察到一些面包学者永远也看不到的东西。

最后，如果我说"正义的冲动"是学者的另一个动机，可能有人会反驳说，这种崇高的冲动，与其他类型的冲动太不一样了，对于凡人来说，实在是难以理解；所以，在谈及最后一个冲动时，我要补充一个虔诚的愿望，但愿这种冲动在学者身上可能没有看起来那么罕见。因为正义的火种一旦播入学者的心灵，就足以照亮和净化他的灵魂，使他不再安于现状，永远摆脱冷漠或冷淡的状态，而他的大多数同事每天都是在这种状态下工作的。

现在，我们只要将所有这些成分，按照不同的比例混合，便可以制造出真理的仆人了。令人惊奇的是，大量非常人性化的细小动机是如何发生了化学反应，而作为其产物的学者又如何在超凡脱俗的光辉下，被如此神化，以至于让人们忘记了形成他的许多成分。然而，终究有那样一个时刻，即质疑学者对于文化的意义的时刻。任何一个有观察力的人都能看出，学者在本质上是没有创造力的，而且他对有创造力的人怀有本能的仇恨。所以，在任何时候，天才和学者都是互相敌对的。后者希望通过分析和理解自然扼杀自然，而前者想要用新的活泼的自然来加强自然，这就存在着观念和做法的争论。幸运的时代不需要也不承认学者，病态而迟缓的时代则把他视为最有价值的人，授予他显赫的地位。

我为什么如此智慧

我一生的幸福，它的独特性，也许就在于它的厄运：说句谜语，作为我的父亲，我已经死了，而作为我的母亲，我还活着，而且还在变老。从人生阶梯的最高层和最低层去看它的话，这种双重的来源，既是颓废，又是开端——这一点也许就是我的与众不同之处，那就是在一般的人生问题上，我保持中立，没有任何偏袒的意味。

对于升起和没落的征兆，我比任何人都更敏感。在这一领域，我是非常内行的，我知道这两方面，因为我就具有这两方面。我的父亲 36 岁就去世了：他纤弱、可亲且多病，就像一个注定要匆匆消逝的人，与其说他是生命本身，不如说是一个对生命的善意回忆。在我父亲生命衰退的同一年里，我的生命也衰退了：36 岁时，我的生命力达到了最低点，我仍然活着，但我的眼睛无法分辨离我三步远的东西。当时，也就是 1879 年，我辞去了在巴塞尔大学的教授职位，像幽灵一样在圣莫里茨度过了夏天；而冬天，也是我生命中最黯淡的一段时期，也像幽灵一样住在瑙姆堡。那是我生命的最低谷，在此期间，我写下了《漫游者及其影子》。毫无疑问，那时我就把自己看作幽灵。

第二年冬天，也就是我住在热那亚的第一个冬天，接下来的，也就是我在热那亚的第1个冬天，我写出了《曙光》，这部作品所反映的轻松愉快和超凡脱俗，几乎是与血液和肌肉的极度贫乏分不开的。在我身上，精神的完全明朗和喜悦，甚至是思想上的奔放，不仅与最严重的生理虚弱相一致，还与一种极端的痛苦相一致。在持续三天的头痛并伴有剧烈恶心的痛苦中，我拥有了最奇特的辩证清晰度，在绝对冰冷的血液中，我想出了一些东西，而在我比较健康的时候，我还不够细腻，不够冷静。我的读者也许知道，我为什么把辩证法视为颓废的征兆，例如最著名的案例：苏格拉底的案例。直到今天，我仍然完全不了解所有对理智的病态干扰，甚至是伴随着发烧的半昏迷状态。为了首次了解它们的性质和频率，我不得不求助于有关这一主题的著作。我的血液循环很慢。从来没有人能够在我身上发现发烧的迹象。有一位医生，他在相当长的时间内把我当作精神病人来治疗，最后甚至说道："不！您的神经没有任何问题，只是我自己太紧张了。"在我身上，他们没有发现任何局部退化，也没有发现任何器质性的胃病,尽管我因全身疲惫而导致胃部系统极度虚弱。我的眼病也是如此,有时甚至近乎失明。但这只是结果,而不是原因。随着总体生命状况的好转,我的视力也逐渐恢复了。漫长的、过于漫长的岁月对我来说就意味着康复,遗憾的是,它也意味着复发、衰落以及一种颓废周期。这样,你们还需要我说我在颓废问题上经验丰富吗?这些问题,我知道得非常清楚。就连那种把握和理解的艺术,那种对微妙差异的感觉,那种明察秋毫的心理学以及其他我可能会做的事情,都是在那个时期首先学会的,是那时给我的真正馈赠,那是一段令我变得洞悉世界的时光,无论是观察本身还是一切观察的器官。从病人的视角出发去审视健康和价值问题,反过来,从丰富生命的旺盛和自信来探视颓废本能的隐秘工作,这是我做得最多的训练,也是我最本真的经验。如果说我在某方面有所长的话,那我在这方面就是大师了。今天,我已经掌握了这一诀窍,我有能力转换视角:这也许就是为什么只有我才有可能对所有价值进行重新评价的第一个原因。

我为什么如此聪明

现在我必须就"如何成为本来的你"这个问题给出一个本该有的答案了，由此就要触及自我保存——运作自我的绝妙技艺了……假如一个人的使命、境地、使命之命运都明显超出了平均的标准，那么，或许就没有什么危险比直面自己的使命更大的了。人"成为本来的你"的前提条件是，他根本就不知道自己是什么。从这个观点来看，纵使生命中的失误，纵使暂时的偏差和失误，纵使浪费在那些远离中心目标的工作上的犹豫、怯懦和热诚，也都有其独一无二的意义和价值。这里就披露出一种大智慧，甚至是最高明的智慧：认识你自己或许会招致衰败，从而忘却自己，误解自己，蔑视和矮化自己，甚至将视自己为普通人等同于理性本身。

用道德的话来说，博爱、为他人和其他东西而活，可能是维持最强的自身性的保护法则。假如我有悖于自己法则和信念，采取了"无我"的行为，那么，这是一种特殊情形：这样的行为是为沉溺自我、滋养自我服务的。人们必须维持整个意识表层（意识乃是一种表层）的纯洁性，使之远离无论何种伟大的绝对命令。甚至小心提防任何大话，任何伟大的姿态！让本能过早地"了解自己"，是非常危险的；它开始发号施令，慢慢把我们从歧途和邪路上引回来，为我们备好了将来实现整体目标时不可或缺的各种品质和技能，在还没有透露某种主导使命、"目标""目的"和"意义"之前，它已经在按需慢慢地培养一切有用的能力。从这个方面来看，我的一生简直是十分美妙的。就重估价值这个使命而言，也许需要比一般人具有更多的才能，尤其是需要那些相互对立但并不相互干扰、相互破坏的能力。能力的等级次序，距离感，不产生敌对的分离艺术，不把任何东西混淆起来，也不"调和"任何东西，种类繁多但不混乱，所有这些都是我的本能的先决条件，是我的本能的隐秘工作。它在更高层面呵护着我，以至于我根本不知道自己身上滋生出了什么，直到我所有的能力突然间都达到成熟阶段，在某一天完全爆发出来。我记不起来自己曾努力过，在我的生命中，没有任何斗争的迹象：我是一个与英雄气质相反的人。"意愿"什么，"追求"什么，盯着某个"目的"、某个"愿望"，基于我的经验，这些都是我不知道的。即便此时此刻我展望自己的未来，依然犹如展望平静的海面：上面没有任何欲望的涟漪。我根本不想事物改变自己,我本人也不想变得不一样。

我就是一直这样生活过来的,我不曾有任何愿望。有谁可以在44岁后说,他从来没有为荣誉、为女人和金钱奋斗过啊!这些东西我并不需要。就是在这种情形之下,有一天,我成为一个大学教授,在此之前我还从没有想过这种事情,因为那时我还24岁不到。同样,在两年前,我突然成了一名语言学家:因为我的第一篇语文学论文(在任何意义上它都是我的开端)应我导师李切尔的要求,发表在他主编的《莱茵博物馆》杂志上。

李切尔,我是带着非常崇敬的心情提及这个名字的,他是我曾经认识过的人当中,唯一具有天才的学者。他身上有一种我们图林根人特有的那种令人惬意的迂腐之气,这种气息甚至使一个德国人也变得讨人喜欢了:为了通达真理,我们宁愿选择隐秘曲径。我说这样的话绝没有轻视利奥波德·冯·兰克之意,聪明的兰克是我亲近的老乡……

人们会问我,为什么我竟会叙述这些微不足道的小事,或者根据通常的标准来说,为什么我竟会叙述这些不重要的细节。他们会认为,我这样做像在损害自己,尤其当我还是一位注定要去承担伟大事业的人时,更是如此。我的回答是,这些微不足道的细节，比迄今为止人们视为重要的一切还更重要。恰恰在这里，人们必须开始重新学习。人类以往认真考量过的东西，甚至都不具有实在性，而是纯粹的想象虚构，严格说来，就是谎言，是那些病态的、在深刻意义上有害天性的坏本能编织出的谎言，包括"灵魂""美德""罪恶""来世""真理""永恒生命"等概念。可是，人们却一直奢望从这些概念中寻求人性的伟大，寻求人性的"神性"，所有政治问题、社会制度问题以及教育问题，都已彻头彻尾地变得虚假了，因为人们把最有害的人物视为伟人，也因为人们被要求去轻视这些"细节"，去轻视生活中那些基础的事。我们今天的文化是绝对让人看不明白的，德国皇帝与教皇同流合污，好像教皇代表的不是生命之死敌一样！今天建造起来的东西，三年后就不再存在了。如果我对自己的衡量是根据我能够做什么，且不谈之后会引发的事，但就我做出的颠覆和无与伦比的建构而言，我比任何人都更配得上"伟大"这个词。现在，如果我把我自己与那些向来被视为人类中第一等的人比较一下，其间的区别就很明显了。我不认为这些所谓"第一等"人是真正的人类，对我而言，他们是人类的渣滓，是病态和复仇本能的可怕结合：他们就是灾难，他们仇视生命，根本无药可救。我是与他们完全相反的。对任何健全本能的迹象非常敏感，是我的特权。

我身上没有任何病态的特性；即使在病重期间，我也没变成病态的；要在我的本性中找到一种狂热的特性，那是徒劳的。在我生命中的任何一个时刻，没有人能够指出我曾采取过狂妄或悲怆的态度。姿态上的激情不属于伟大；谁需要故作姿态，他就是虚伪的。小心提防一切装模作样的人啊！当生活需要我付出最大的努力时，我觉得它是最容易的。

在这个秋天的七十天里，我怀着一种对后世的责任感，毫无间断地完成了很多伟大的工作。谁在这时看到我都会发现，在我身上都看不到一点紧张的痕迹，相反，只有旺盛的生命力和愉快。我从来没有比现在这样更能享受过我的饮食，也从来没有比现在睡得更好。我不知道除了用游戏方式外还能用别的什么方式来应对伟大使命：这是伟大的标志，是一个根本性的前提。一丁点儿的强迫，不悦的面色、生硬的语调，全都有悖于人性，更是对他的事业和作品的抗议！我们的神经不要紧张，即使忍受孤独也是一种妨碍。我经常苦恼的唯一东西是"繁杂"，也就是我心灵的变化无穷。在我柔弱的七岁时，我早已知道，人类的任何言语都不会影响我。因此，曾经有人看见我为此而忧伤吗？直到今天，我依然对每个人都同样地平易近人，我甚至对最低等的人们都怀有完全的敬意：总之，没有一点儿傲慢，没有一点儿隐秘的轻蔑。我一生都在气恼那些具有卑劣血液的人。我将一个人的伟大概括为热爱命运：一个人无论在未来还是过去永远都不应该希望改变任何东西。面对必然出现之事不要只是忍受，更不要隐藏它，而是要热爱它。

每一个不曾起舞的日子，都是对生命的辜负

CHAPTER 3

我们在多大程度上也是虔诚的 • 世界是自娱的游戏
现代艺术和现代人的精神危机 • 我们的快乐有何含义
苦难者的认识 • 德国人缺少什么？ • 新旧牌匾

我们在多大程度上也是虔诚的

有人说,信念在科学领域没有公民权利,这是有道理的:只有当信念自贬为某种谦虚的假设、短暂的尝试、相对的虚构时,它才能被允许进入科学的领域,并在其中具有一定的价值,但是,这一切必须加上一项限制——它们必须在所谓的警察的监视之下进行。

说得更准确一些,这是否就意味着只有当信念不再是信念时,它才能被科学所接纳?科学精神的训练难道禁绝一切信念?也许是这样的,只是我们要问的是,如果约束生效,是否必须具备专横的强制、绝对的信念,以此让其他信念成为它的牺牲品呢?人们看到,科学也是建立在信念之上的,"没有前提"就根本没有科学。"真理是否必要",这个问题不仅必须先行做出肯定的回答,而且必须这样表达:"没有比真理更重要的东西了,与真理相比,其他都是次要的。"追求真理的绝对意志是什么呢?是不让自己受骗的意志?还是不去骗人的意志?我们可以用后一种方式来理解，只要把"我不骗人"加以拓展，使之也包括"我不自欺"这一特殊情况。但是人为什么不愿意欺骗他人，也不愿意受骗呢？请注意，前一种情况的理由与后一种情况的理由完全不同：人们不希望自己被欺骗，因为被欺骗是有害的、危险的或致命的，从这个意义上说，科学该是一种深谋远虑、一种谨慎，可以说是有用的。不过，人们有理由对此提出反对意见：单方面不愿意被欺骗真的可以减少伤害吗？你们知道些什么，竟然能够决定是绝对的不信任更有利，还是绝对的信任更有利？如果充分的信任和充分的怀疑都是必要的话，那么科学应该如何得到它赖以生存的绝对信仰，认为真理比任何事物都重要呢？如果真理和非真理都不断证明自己各有其用，那么这种信念就不可能产生。事实就是如此。

因此，对于科学的信仰而言，它是毫无争议地存在的。信仰并不是依据这种功利得出的，而是依据追求真理的意志产生的。当我们将所有信仰都扼杀在科学之上时，我们就可以了解不惜一切代价的含义了！由此可见，"追求真理的意志"并不意味着"我不让自己受骗"，而是"我不愿意骗人，更不愿意自欺"，这样，我们就站在道德的立场上了。让我们扪心自问："你为什么不欺骗自己？"尤其是在生活出现虚伪的时候（这种情况一定会出现），我所说的虚伪是指欺骗、错觉和诱惑；而另一方面，事实上，生命的伟大形式总是出现在最不可思议的一方。说得温和些，这种意图也许是一种堂吉诃德式的荒唐，一种轻微的迷醉癫狂；不过，它也可能是更糟糕的东西，即一种敌视生命的毁灭性原则……"求真理的意志"——这可能是一种隐秘的求死亡的意志。

为什么要将科学的问题引入道德的问题上来呢？如果生命、自然和历史都是"非道德的"，那么道德的目的究竟是什么？毫无疑问，有良知的人在科学信仰所预设的大胆而极端的意义上，肯定了生命、自然和历史之外的另一个世界；既然他肯定了这个"另一个世界"，那么，他难道不能因此而否定它的对应物，即这个世界，我们的世界吗？

我的观点现在可以理解了，那就是，我们对科学的信仰所依赖的始终是一种形而上学的信仰。即使是如今的求知者、无神论者、反形而上学者，也是依赖于那个古老的信仰——基督徒的信仰，它也是柏拉图的信仰，即相信神是真理，真理是神性的……但是，如果这种信仰本身变得越来越不可信，或者没有任何东西去证明自己的神圣，或者上帝也被证明是我们最悠久的谎言的时候，那将会出现怎样的局面呢？

世界是自娱的游戏

渎神,这个危险的字眼,确实对于每个赫拉克利特主义者来说都是块试金石。在这里,他可以表明,他是理解了还是误解了他的导师。在这个世界上,是否存在罪恶、不公、矛盾、痛苦?

有的,赫拉克利特宣布,但这只是对孤立地而非整体地看问题的目光短浅的人而言,不是对洞察全局的神而言。对神来说,一切矛盾均汇流于和谐,虽然肉眼凡胎看不到这一点,但赫拉克利特这样的人却可以看到,因为他近似于沉思冥想的神。在他的火眼金睛面前,他周围的世界没有一丝一毫的不正义。甚至像纯火如何可以进入不纯的形式,这样的基本冲突也被他用一个崇高的比喻克服了。生成与消逝,建设与破坏,对此不可做任何道德评定,它们同样无罪,只有在这样的世界中才有艺术家和孩童的游戏。如同孩子和艺术家玩耍一样,永恒的活火也在天真无邪地玩耍,时而建设,时而破坏——无限的时间以这种游戏自娱自乐。它把自己转化成水和土,就像一个孩子在海边,把沙堆堆起,又将其推倒。它不断重新开始这游戏。暂时满足的之后,需要又重新抓住了它,就像创作的需要驱动着艺术家一样。不是恣意妄为,而是不断重新苏醒的游戏冲动催生了另外的世界。孩子会偶尔扔掉玩具,但很快又无忧无虑地玩了起来。而只要他在建设,他就会合乎规律地按照内在秩序进行编织、组合和塑造。

只有审美的人才能以这种方式看世界,他从艺术家身上和艺术品的产生过程中了解到,多样性的斗争如何在自身中体现出规律和法则;艺术家如何既超脱地凌驾于艺术作品之上,又置身于艺术作品之中;必然与游戏、冲突与和谐如何结合,从而产生出艺术作品。

现在,谁还会要求这样的哲学体系中包含绝对的命令——"你应当",或者,谁还会责怪赫拉克利特有这样一种缺陷!如果把自由理解成一种愚蠢的要求,仿佛人可以像换件衣服那样随意改变自己的本性,那么人完完全全就是"不自由"的,迄今为止一切严肃的哲学都以应有的嘲讽反驳了这种要求。能够自觉地生活在逻各斯之中,以艺术家的眼光俯视一切,这样的人之所以如此稀少,是因为人的灵魂是潮湿的,也是因为当"潮湿的淤泥占据人们的灵魂"时,人的眼睛和耳朵,乃至人的理智都成了一个糟糕的证人。至于为什么会这样,没有人提出疑问,正如人们很少追问为什么火会变成水和土一样。赫拉克利特并不像莱布尼茨那样必须证明这个世界是最好的世界,对他来说,世界是美丽而纯真的游戏,这已经足够了。在他看来,人甚至是非理性的存在。但这一点与下述事实并不冲突:理性法则贯穿于人的所有本性之中。人在自然界并不占据特殊优越的地位,自然界的最高现象是火,而不是头脑简单的人。如果人通过必然性参与到火之中,那么,他就是较有理性的东西。要是他从水和土中产生,他的理性就会受到损害。并不存在这样一种义务:因为他是人,所以他必须认识逻各斯。但为什么会有水?为什么会有土?对赫拉克利特来说,比起问"为什么人如此愚蠢和糟糕",这个问题要严肃得多。在最高尚和最低劣的人身上,同样彰显着与生俱来的规律性和正义性。但是如果人们要进一步追问赫拉克利特:为什么火不总是火,为什么它现在是水,现在是土?那么,他只能这样答复:"这是一场游戏,对它不要太当真,特别是不要用道德的眼光看待它!"赫拉克利特描绘的只是既有的世界,他对这个世界的静观之乐,就像艺术家在欣赏自己正在创作的作品一样。只有那些因故对他的人类自然史感到不满的人,才会觉得他阴郁、忧伤、暴躁、阴沉、无趣、悲观,完全是可恨的。但他根本不会在意这些人,不会在意他们的反感与同情、他们的爱与恨,并很可能这样回敬他们:"狗总是向它不认识的人吠叫",或者,"对于驴来说,糠比金更珍贵"。

  那些心怀不满的人还常常叹息赫拉克利特文风晦涩。其实,几乎没有人比他写得更加清楚明白了。当然,他写得十分简洁,所以对于那些走马观花的读者来说,的确显得晦涩。但是一个哲学家为什么故意写得晦涩(人们惯于这样责备赫拉克利特),除非他有某种原因故意隐瞒自己的思想,或者他是个骗子,要用文字掩盖自己思想的贫乏。但正如叔本华所说,哪怕在日常生活的实际事务中,一个人也必须谨慎小心,尽量把话说得明白,以防止可能的误解。那么人们怎么会允许自己在最困难、最深奥、最难以达到的思考对象上,含糊不清地,甚至令人费解地表达哲学问题呢?关于简洁,让·保罗有一个很好的见解:"大体而论,如果一切伟大的思想仅仅被简洁地和晦涩地表达出来,使得空虚的头脑宁肯把它解释为无稽之谈,而不是将之翻译为他们自己的浅薄思想,那么这就对了。因为俗人的头脑有一种可恶的技能,这就是在最深刻、最丰富的格言中只能看到自己的日常俗见。"顺便说一句,赫拉克利特还是没有逃脱"空虚的头脑"。斯多葛派已经把他重新阐释为浅薄之辈,把他关于世界游戏的基本审美直觉拉低为对世界实用性的普通思考,而且是出于人类利益的关注。因而,在那些人的头脑中,赫拉克利特的物理学变成了一种粗鲁的乐观主义,并且不断督促芸芸众生友好地喝彩。

现代艺术和现代人的精神危机

我只想举两个例子来说明，我们这个时代的情感是如何被彻底地扭曲，以及时代对这种扭曲为何没有意识。以前，人们对那些从事金钱交易的人嗤之以鼻，尽管他们也需要这些人；人们承认，任何社会都必须有自己的五脏六腑。然而现在，这些人是现代人类灵魂中的统治者，是现代人类最贪婪的部分。从前，人们被告诫要关心永恒的事物。现在，现代人的头脑中只剩下一种认真，它针对的是报纸或者电报机带来的消息。当前的人们也只剩下了一种德行，即精神在场的德行。很遗憾，事实上反倒是一种贪得无厌的欲望和一种向一切方向窥探的好奇心在每个人那里无处不在。今天的人是否还有思想——这个问题留给未来的法官去解决吧，他们有朝一日将用自己的筛子来过滤现代的人们。但是，这个时代是庸俗的；我们现在也看得出来，它之所以庸俗，是因为它崇尚的是过去那些高贵的时代所蔑视的东西；但是，如果它还吸取了过去的智慧，并穿着这件最华丽的服装走过来，那么，它就表现出对于它的庸俗的一种令人毛骨悚然的自我意识；它穿上这件衣服并不是为了取暖，而是为了让人无法认识自己。对于现代人来说，掩饰和隐藏自己的欲望似乎比抵御寒冷的需要更为迫切。如今的学者和哲学家们并不是为了变得睿智平和而求助于印度和希腊的智慧，他们工作的唯一目的似乎是获得一种骗人的智慧声誉。自然学家们致力于把目前人的交往中动物性的暴力、诡计和报复归类为不可改变的自然法则。历史学家急切地证明，每个时代都有它自己的权利，都有它自己的条件，目的是为我们的时代将遭受的未来审判程序做好准备。现在，政府学、种族学、商业学和法学都具有这种性质；甚至看起来，目前仍活跃的、没有被巨大的利益和权力机制耗尽的精神活动，其唯一的任务就是为当代辩护和开脱。

有人惊讶地问道："面对哪一个控告者？"

面对自己坏的良知。

在这一点上，我们可以清楚地看到现代艺术所肩负的任务：让人昏昏欲睡、如痴如醉、迷惑不解，使良知成为无知，以这种或者那种方式，帮助现代人的灵魂摆脱罪恶感，而不是引导他们回归纯真！而这只是一瞬间的事！让人们自相残杀，让他们的内心噤若寒蝉，让他们对自己的声音充耳不闻！对于那些真正感觉

每一个不曾起舞的日子
都是对生命的辜负

到艺术的这种极端可耻的少数人来说,他们一定充满了悲伤和怜悯,但也充溢着一种新的极强大的渴望。谁想解放艺术,恢复艺术的神圣性,他就必须先从现代灵魂解放他自己;只有作为一个纯真的存在,他才有希望发现艺术的纯真,他要完成自我净化和自我献身的艰巨任务。假如他成功了,假如他能够从解放了的灵魂出发,以他的解放了的艺术对人们说话,那么他就会发现自己面临极大的危险,陷入最惊人的斗争;人类宁愿把他和他的艺术撕成碎片,也不愿承认他们。艺术的解放很可能是照亮未来的唯一希望,是只为少数孤寂的灵魂准备的事件,而许多人仍然满足于盯着他们艺术的那团闪烁冒烟的火焰:他们要的不是光,而是目眩,他们甚至恨光,尤其是当光投射到自己身上时。

这就是他们躲避新的光明使者的原因;但是光明使者却跟着他们,赋予他们生命的爱,并强迫他们追随自己。"你们应当经历我的奥秘",他对他们喊道,"你们需要它们的净化和震撼。为了你们的幸福,要敢于接受这一切,放弃自然和生活这个被模模糊糊照亮的东西吧。我带领你们进入一个同样真实的王国,当你们走出我的洞穴返回到你们的白昼时,你们就能判断哪一种生活更真实,哪一种生活实际上是白昼,哪一种生活是黑夜。表层之下的自然要丰富得多、强大得多、幸福得多,也可怕得多;你们不了解它,就像你们平庸地活着。但愿你们能够学会重新变得自然,然后在我的热情和爱的魔法下,与自然一起转变并转变为自然吧"。

这就是瓦格纳的艺术的声音,它就是这样对人们说话。而我们,一个可怜的时代的产儿,竟然是第一个听到它的人,这说明这个时代是多么值得怜悯,而且从根本上表明,真正的音乐与命运和原始法则是一脉相承的;因为我们不可能从一个空洞的没有意义的偶然中引导出它的鸣响;如果瓦格纳是一个偶然,他一定会被其他因素的巨大力量压垮。瓦格纳的出现似乎是一种必然,而这种必然既证明了瓦格纳的存在是合理的,也使瓦格纳变得光彩夺目。他的艺术,就其产生来看,是最辉煌的戏剧,尽管它伴随着巨大的痛苦,但理性、规律、目的贯穿始终。观察者甚至会从这种痛苦的发展本身中获得乐趣,并将其视为幸运。他将会看到,无论经历多么严峻的考验,都必然会给天赋和本性带来福祉和好处。他会意识到,每一次危险都会让它更加坚定,每一次胜利都会让它更加谨慎。周围世界的嘲弄和反对对它来说是刺激和激励;如果它误入歧途,它也会带着最珍贵的战利品从迷途和失落中归来;如果它陷入沉睡,那"它也会通过睡眠获得新的力量"。它锤炼身体,使之更加坚韧;它不会消耗生命,无论生命

每一个不曾起舞的日子
都是对生命的辜负

的时间有多长；它就像是一种激情，能使人们在疲惫不堪或被路上的石子划伤时飞翔起来。它只能去传达，每个人都应当在它的作品上合作，而它也不是一个吝啬的给予者。当人们滥用被馈赠的东西时，它也再附加上它拥有的最珍贵的珍宝——而且根据最古老和最新的经验，它眷顾的人从来都不配得到它的馈赠。正因为如此，音乐借以向这个世界表达自己的天性，就是太阳下面的最深奥莫测的事物了；它是力量与仁爱在其中结伴的深渊，是自我和非我之间的一座桥梁。谁能肯定地说出它存在的目的呢？最伟大的事物是否可能为了最卑微的人而存在，最伟大的才能是否可能为了最渺小的人而存在，最崇高的美德和圣洁是否可能为了有缺陷的人而存在？真正的音乐必须鸣响，乃是因为人们极少配得上它，但却极度需要它吗？如果人们思考这种可能性的过度奇迹，并从这些思考中回望人生，那么无论前一刻看起来多么黑暗和迷茫，都会看到一束光正在升起。

我们的快乐有何含义

基督教的上帝不可信了，这是最近发生的最重要的事件。这事件开始在欧洲的大地上投下第一片阴影，至少，那些以怀疑的目光密切注视这出戏的少数人认为，一个太阳陨落了，一种古老而深切的信任似乎变成了怀疑；对他们来说，我们这个古老的世界必将日渐黯淡、可疑、怪诞、"更加衰老"。但基本上我们可以说：这事件本身过于重大、遥远，远远超出了大多数人的理解能力，故而根本没有触及他们，他们也就不可能明白由此产生的后果，以及哪些东西将随着这一信仰的崩溃而坍塌。有许多东西，比如整个欧洲的道德，原本是建立、依附、植根于这一信仰的。

断裂、摧毁、没落、颠覆，这一系列后果即将显现。今天，有谁能对此做出充分的预测，充当这一惊人的可怕逻辑的导师，一种可能在人世间还绝无仅有的阴霾和日食的预言家呢？

我们——天生的猜谜者，立于高山之巅期待着未来，置身在当今和未来以及这二者的矛盾之间，是下个世纪的头生子和早产儿——现已看到那即将笼罩欧洲的阴影了。然而究竟是何原因使得我们对阴暗不抱丝毫同情,也没有任何个人的忧虑或恐惧,反倒盼望着它的来临呢?也许是我们还沉浸在这一事件的影响之中,这影响也许同人们估计的恰好相反,不是悲伤和消沉,而是一种新的难以描写的光明、幸福、轻松、欢快、振奋、曙光……

实际上,我们这些哲学家和"自由的天才",就顿觉周身被一道新的曙光所照耀,我们的心中充满了感激、惊讶、预感和期待。终于,地平线又向我们敞开了,纵使它还不太明亮;终于,我们的船又可以出海了,纵然面对重重危险;我们再度在知识领域冒险;我们的海洋再度敞开襟怀,也许在此之前从未有过如此"开放的海洋"。

苦难者的认识

长期受病痛折磨但并不因此神志迷糊的病人，其状态对认识不无价值——这与深刻的孤独，以及摆脱一切义务和习惯所带来的理智上的享受是分不开的。遭受严重痛苦的人冷静地从他的境况出发注视着外界的事物：所有那些在健康人眼中细小骗人的魔术，都在他眼里消失了；是的，连他自己也褪去了所有的色彩，袒露在自己面前。如果在此之前，他一直生活在某种危险的幻想中，那么这种痛苦是最有力的清醒手段，足以把他从中拉出，而且可能是唯一的手段。（基督教的创始人在十字架上遇到的很可能正是这种情况：因为"我的上帝，你为什么离弃我？"这句最痛苦的话语，如果从最深刻的意义上理解，便是对他终生幻觉的彻底失望和觉醒的证词；他在最痛苦的瞬间看清了自己，就像诗人笔下奄奄一息的堂吉诃德一样。）

心智竭力对抗痛苦，处于极度的紧张之中，使他以一种新的眼光看待一切；而这种新的眼光所具有的难以言喻的魅力，足以

> 每一个不曾起舞的日子
> 都是对生命的辜负

抵御一切自杀的诱惑，使受苦者觉得活下去仍是最值得向往的事情。他轻蔑地回想起健康人漫游其间的那个温暖舒适的梦境；他轻蔑地回想起他以前沉溺于其中的最崇高、最珍贵的幻想；他乐此不疲地从洞穴的深处唤起这种蔑视，从而给自己的灵魂带来最痛苦的折磨：正是靠这种平衡的力量，他才能抵御肉体上的痛苦——他感觉正是这平衡的力量使他受苦！在一个可怕的清醒时刻，他对自己说："做一回你自己的控告者和刽子手吧，把你的痛苦看作是你对自己的惩罚吧！享受你作为法官的优越感；更近一步：欣赏你的意愿，享受你的专横武断！超越你的生命，就像超越你的痛苦一样，俯瞰理性与不合理的深处！"

我们的自尊心空前地生长，它体验到一种无与伦比的魅力，那就是捍卫生命，对抗痛苦这样一个暴君——面对这个暴君，我们正在扮演生命的角色。在这种心态下，一个人会无情地拒绝一切悲观主义。在判决的公正性方面，同样也从未有过这样诱人的机会，因为现在是要战胜我们自己，战胜最易受诱惑的一种情形，它足以原谅一切不公正的判决。然而，我们并不想被原谅，正是这时我们想证明我们能够做到"无辜"。

现在，第一缕解脱和康复的曙光出现了，那最早的迹象差不多是，我们反对自己的过于负气了：我们自嘲这样做的幼稚和虚荣，仿佛体验了什么独一无二的东西似的。我们忘恩负义地羞辱这种无所不能的自尊心，是它让我们能够忍受痛苦；我们迫切地寻求它的解药：在痛苦强行让我们具有个性之后，我们希望从个性中解脱出来。"滚吧，这个自尊心！"我们呐喊着，"它也是一种病和一种抽搐！"我们再一次憧憬着人类和自然，并带着悲哀的微笑回忆起：自从面纱揭下之后，我们以一种崭新的、不同的眼光看待周围的一切，可是，再一次目睹生命的朦胧光辉，走出那看破万物的可怕而冷静的日光，这使我们精神焕发。当我们看到健康的魅力重新发挥作用时，我们并不生气，我们会像变了个人似的，温和而疲倦地注视着眼前的景象。在这种状态下，一个人不可能不含着泪听音乐。

德国人缺少什么?

1

在今天的德国人中,仅仅拥有精神是不够的:人们还必须将之据为己有,滥用它……

也许我了解德国人,也许我可以告诉他们一些真相。新的德国体现出大量继承的和习得的才智,以至于在一段时间内,它甚至可以挥霍那丰厚的力量的财富。在这种现代趋势下,最终盛行的并不是优越的文化,也不是精致的品位或高贵的本能之"美",而是比其他欧洲国家更具男子气概的美德。他们有良好的精神状态和自尊心,在交往和相互义务的关系中诚信有加,非常勤劳,极为坚毅,还有一种与生俱来的节制,这种节制更需要加以刺激而不是阻止。请允许我补充一点,在这里,人们仍然服从命令,而不觉得服从是一种羞辱。没有人瞧不起自己的对手。

人们可以看到,我希望公正地评价德国人:在这方面,我不想对自己不忠,因此,我也必须说明我对他们的反对意见。取得政权是要付出昂贵代价的:权力使人愚蠢。德国人,他们曾被称为思想家的民族,今天他们真的会思考吗?德国人现在厌倦于思考,德国人现在不信任精神,政治吞噬了对真正的精神事物的所有热情——"德国,德国高于一切",这恐怕是德国哲学的终结。"德国有哲学家吗?德国有诗人吗?德国有好书吗?"在国外,人们这样问我。我脸红了,但即使在绝望的时刻,我也会以我特有的勇气回答道:"有的,俾斯麦!"我能承认今天人们读的是什么书吗?这该死的平庸本能!

2

德国人的精神可能是什么?谁不曾悲哀地思考过这个问题!但是,近千年以来,这个民族却任由自己变得愚蠢:欧洲的两大麻醉品——酒精和基督教,没有任何一个地方像德国这样被如此肆意地滥用。最近又多了第三种麻醉剂,单凭它就足以扼杀精神的一切敏锐和勇敢的灵活性,这就是音乐,我们那受堵,又给人添堵的德国音乐。在德国人的骨子中,有多少忧虑、麻痹、潮湿、穿长袍的慵懒,还有多少啤酒!那些献身于最高精神目标的年轻人却感受不到智慧的首要本能,即精神的自我保存本能,而去痛饮啤酒，这怎么可能呢？有学问的年轻人酗酒，也许还不至于使人们对其追求学问的意向表示怀疑，即使没有精神，也可以成为伟大学者，但在其他方面，这仍然是一个问题。啤酒在精神中产生缓慢堕落，随处可见！我曾亲眼看见过一个这样的案例，它几乎成了一个著名的案例：我们德国的第一个自由思想家，聪明的大卫·施特劳斯，堕落成了啤酒屋福音和"新信仰"的作者。难怪他在诗中臣服于他的"褐色美人"，至死不渝。

3

我前面谈到了德国人的精神：它变得越来越粗鄙和浅薄，这样说够吗？实际上，令我感到恐惧的不止这些，而是在精神性事物上德国的严肃、德国的深刻、德国的热情正每况愈下。不仅仅是智力，激情也在改变。我不时地接触到德国的大学：在大学学者中间，弥漫着一种多么不寻常的气氛呀！精神变得何等沉闷，何等不思进取和无所适从！如果有人把德国科学作为反驳我的论据，这将是一个极大的误解，此外我还想表明，他根本没有读过我的著作。十七年来，我所做的不过是揭露我们当前科学活动的非精神化影响。如今，科学的巨大规模使每个人都处于严重的奴役状态，这就是为什么更丰满、更丰富、更深刻的天性找不到适合他们的教育或教育者的主要原因。我们的文化之所以遭受苦难，无非是因为有太多狂妄的游手好闲者和残缺的人性；我们的大学违背我们的意愿，成为这种精神本能枯萎的实际温床。整个欧洲都开始认识到这一点，大规模的政治欺骗不了任何人。德国越来越被视为欧洲的浅薄之国。我仍在寻找一个德国人，我可以按照自己的方式与他严肃相处，更要寻找一个德国人，和他在一起，我可以快乐！《偶像的黄昏》：啊！今天还有什么人能够理解一个隐居者在此怎样从一种严肃中康复啊！快活是我们身上最无法理解的事情……

4

让我们从另一个角度来审视这个问题：德国文化的衰落不仅是显而易见的，而且也不乏充分的原因。归根结底，没有人的开销能够超出他的所有，个人如此，国家也是如此。如果人们把精力浪费在权力、大政治、经济、世界贸易、议会政治和军事利益上，如果人们把他们所有的理智、认真、意志、自制力都用在了这个方面，那么，他们在其他方面就会有所缺失。文化和国家是对立的（不要在这一点上欺骗自己）："文化—国家"只是一种现代观念。一方靠另一方而活着，一方靠牺牲另一方而发展。一切伟大的文化时代都是政治的衰落期:文化意义上的伟大是非政治的,甚至是反政治的。歌德的心在拿破仑到来时敞开,却又在"自由之战"中关闭。就在德国成为世界政治强国的同时,法国作为文化大国赢得了另外一种重要性。今天,许多新的严肃,许多新的精神激情已经转移到了巴黎。例如,悲观主义问题、瓦格纳问题以及几乎所有的心理和艺术问题在那里得到了比在德国更细腻、更彻底的考察,德国人甚至不能胜任这种严肃。在欧洲文化史上,帝国的崛起首先意味着重心的转移。世界各地的人们已经意识到这一点:在重要的事情(主要的事情始终是文化)上,德国人不再引人注目。有人问:你们还能为欧洲提供哪怕一个有头脑的人物,可以和你们的歌德、你们的黑格尔、你们的海涅和你们的叔本华相提并论?再没有一个德国哲学家了,这一点让人惊讶不已。

5

德国的整个高等教育体系都忽略了一切重要的问题:目的以及达到目的的手段。人们忘记了教育、教养本身才是目的,而不是"帝国";他们忘记了实现这一目的需要的是教育者,而不是中学老师和大学学者;他们忘记了我们需要的是这样的教育者:

他们本身是受过教育的，具有卓越而高尚的智慧，每时每刻通过言传身教体现日益成熟和甜美的文化，而不是今天中学和大学作为"高级保姆"提供给年轻人的那种博学的粗野之徒。除了罕见的个例，缺乏教育者，这个教育的首要的先决条件，导致了德国文化的衰退。我德高望重的朋友雅各布·布克哈特便是这种罕见的例外之一：巴塞尔对于人性的重视首先归功于他。德国的"高等学校"所做的，实际上是一种残酷的训练，他们在尽可能短的时间内培养了一大批年轻人，使他们成为有用的、可被剥削的国家公仆。"高等教育"和"众多"，这从一开始就自相矛盾。所有的高等教育都只属于例外者：一个人必须拥有特权，才有权享受如此高的特权。所有伟大而美好的事物都不可能是共同拥有的：美属于少数人。是什么造成了德国文化的衰落？那就是"高等教育"已不再是特权——"普遍的"、大众化的"教育"的民主主义……我们也不应忘记，军事特权强硬地要求高等学校达到过高的入学率，这意味着高等学校的衰落。在当今的德国，再也没有人能够自由地给自己的孩子提供一种高贵的教育：我们的"高等"学校都是为平庸之辈设立的，包括它的教师、课程、教学目标。到处都盛行着一种不体面的匆忙，假如23岁的青年还没有"成熟"，还不知道如何回答"选择哪种职业"这个最重要的问题,仿佛就会耽误什么似的。恕我直言,一个更高级的人不喜欢"职业",正是因为他懂得召唤自己。他有时间,他自己支配时间,他甚至不考虑是否"成熟"的问题。在高等文化的意义上,30岁的人只是一个初学者,一个孩子。我们拥挤的学校,我们拥挤的、愚蠢的中学师资队伍乃是一个丑闻。维护这种状况,正如海德堡的教授们最近所做的那样,也许是有原因的,却没有理由。

新旧牌匾

1

我喜欢勇敢的人:但仅仅成为一名剑客是不够的,还必须知道对谁挥剑!

更多的勇气往往在于自我克制,绕道而行,以便保存自己的实力、对付更值得较量的敌人!

只应该有可憎恨的敌人,而不应当有可蔑视的敌人:你们必须为自己的敌人骄傲:我已经这样教导过你们了。

为了更相匹敌的敌人,哦,我的朋友们,你们应当保存自己的实力:所以你们得绕开许多敌人。

——尤其是绕开许多流氓无赖,他们在你耳边大谈什么民众和民族。

别让他们的赞成与反对污了你们的眼睛!其中有许多公道和不公:谁看了都会愤怒。

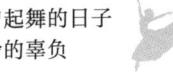

一眼看透和一刀砍进——都是一码事：因此快快离开，到森林里去，让你们的宝剑安睡吧！

走你们自己的路！也让民众和民族走他们自己的路！——诚然是黑暗的路，上面再也没有一点希望的微光闪烁！

还在发光的只有——商贩们的金子，就让商贩们去统治吧！现在再也不是君王的时代：今天自称为民众，不该有君王了。

看吧，看看这些人自己现在是如何像商人一样：他们仍然从每一堆垃圾中拾取蝇头小利！

他们互相暗算，互相觊觎着对方的东西——他们称之为"睦邻友好"。啊，怎不令人缅怀那个幸福的遥远的时代，那时候一个民族对自己说："我要做各个民族的——主人！"

因为我的兄弟们啊：最优秀的人应当统治，最优秀的人也愿意统治！与此相异的地方，那里——就缺乏最优秀的人。

2

如果他们——白白得了面包，唉！他们还会叫着要什么呢？他们的生计——这才是他们真正的消遣；他们过得还真不容易！

他们是食肉动物：在他们的"工作"中——还要"劫掠"；在他们的"收入"中——还要"骗取"！所以他们过得还真不

容易！

于是他们应当成为更好的食肉动物，更精细、更聪明、更像人类：因为人类是最好的食肉动物。

人类已经掠夺了所有动物的德行：这就是为什么在所有动物中，人类觉得自己最艰难。

只有鸟儿还在人类头顶上。如果人再学会飞翔，唉！他的劫掠欲将飞到——何种高度！

3

我如此寄希望于男性和女性：男人善战，女人善于生育，不过，两者都善于用头和脚跳舞。

对于我们来说，每一个不曾起舞的日子，都是对生命的辜负！对我们来说，凡是没有欢笑的真理都是错误的！

4

你们的婚姻：留心啊，不要是一种糟糕的结合！你们结合得太快：于是导致了——通奸！

通奸还胜于婚姻的扭曲、婚姻的欺骗！——一个女人这样对我说："的确，我破坏了婚姻，但首先是婚姻破坏了我！"

我发现糟糕的配偶往往是有强烈报复欲望的人:他们让全世界都为他们不再是独往独来的单身者而付出代价。

为此,我希望诚实的人互相说:"我们相爱了,让我们看看,我们相爱是否会信守不渝!否则,我们的誓言岂不成了泡影?"

——"给我们一个期限,让我们试婚,让我们看看我们是否适合正式结婚!两人相守一生,这可是一件大事啊!"

我如此劝告所有诚实的人;如果我不这样劝说,那么我对超人的爱、我对未来一切的爱会是什么呀!

不光要使你们繁衍下去,而且要使你们向上提高——为了这一点,哦,我的弟兄们,但愿婚姻的花园帮助你们实现这一目标!

5

谁若变得智慧了,精通于古老的本源,那么,他最后就会探求未来的源泉,寻找新的本源。——

我的弟兄们啊,用不了多久,新的民族就会兴起,新的泉源就会涌入新的深渊。

因为地震——它使许多水井淤塞,造成许多焦渴和折磨;但它也揭示出许多内在的力量和秘密。

地震显露出新的泉源。在古代民族的地震中，新的源泉得以涌现出来。

谁在那里喊："看，这是一口供许多口渴者饮用的泉水，一颗为许多渴望者而设的心灵，一个要创造许多工具的意志"：于是在他周围就聚集起一群民众：许多尝试者。

谁能够命令，谁必须服从——都得在此得到试验！啊，经历了多少长久的寻求、猜测、失败、学习和新的尝试啊！

人类社会——就是一种试验，我是这么教导的——一种长久的寻求；但他寻求的却是一个命令者！——

——一种试验，我的弟兄们！不是什么"契约"！打碎它，给我打碎这种软心肠和半吊子之人的言论吧！

CHAPTER 4

心中充满爱时，
刹那即为永恒

论女人 • 论性别和爱情 • 论婚姻
婚姻不宜于自由思想家 • 什么是浪漫主义
闲暇与优游 • 山上的树

论女人

1

完美的女人。——完美的女人是比完美的男人更高级的意中人,也罕见得多。关于动物的自然科学为这一理论提供了依据。

2

贵妇人的错误。——贵妇人认为,如果一件事情不能在社交场合谈论,它就根本不存在。

3

一种嫉妒。——母亲很容易嫉妒她儿子的朋友,如果她儿子的朋友特别有成就的话。一位母亲通常爱她自己在儿子身上的身影,甚于爱儿子本身。

4

无聊。——许多人,尤其是女性,感觉不到无聊,因为他们从来没有学会像样地工作。

5

害羞。——一般来说,女人的害羞是随着她们的美貌增长的。

6

变化无常的天性。——女人因为爱情会完全变成爱上她的男人想象中的样子。

7

爱与占有。——通常情况下,女人爱一个重要的男人,往往想要独占他。要不是她们的虚荣心表示反对,表示愿意让他在别人面前也显得重要,她们恨不得把他锁起来。

8

让所有人做所有事的手段。——人们可以通过不安、忧虑、过多的工作或思考把每一个人弄得筋疲力尽,以至于他不再抗拒任何看似复杂的事情,而是屈服于它。——外交官和女人都知道这一点。

9

正经与诚实。——那些仅靠自己的年轻貌美就想享福终生的女孩子,加上世故的母亲的影响,他们想要的东西与妓女别无二致,只是她们更聪明,也更不诚实。

10

面具。——有些女人,无论从哪里看,都没有内在,只是戴着面具。男人与这种可怕的、不知满足的女人交往,是值得同情的,但恰恰是这种女人最懂得如何激起男人的欲望:他寻找她们的灵魂——寻了又寻。

11

女孩子的梦。——没有经验的女孩自以为有本事让一个男人高兴,后来她们才知道,如果认为男人只需要一个女孩就能使他高兴,那就低估了他。——女人的恶虚荣心要求一个男人不仅仅是一个快乐的丈夫。

12

作为文科中学学生的女孩们。——看在老天的份上,不要把我们的文科中学教育也用到女孩子头上!因为它总是把充满灵性、渴望知识、热情奔放的青年人变成它们的老师的复制品。

13

没有竞争对手。——女人很容易从男人身上看出他的灵魂是否已被占有;她们希望得到没有竞争对手的爱,她们怨恨他的抱负、他的政治责任和他的科学艺术所设定的目标,如果他热衷于这些东西的话。除非他因为这些事情而显赫——然后她们就希望与他发生的爱情关系使这些事情更显赫,如果是这样的情况,她们就鼓励他们的情人。

14

仇恨中的女人。——在仇恨的状态下,女人比男人更危险;首先,因为当她们的敌意被激起时,她们不会顾及公平,而是任由仇恨发展到极致;其次,因为她们善于发现痛处(每个人、每个党派都有的），并且触动你的痛处：在这方面，她们锐利的智慧大有用武之地（而男人一见到伤口就罢休了，往往怀有慷慨与和解的心情）。

15

女人判断中的灵感。——女人通常做出的那种凭借突如其来的好恶使个人关系迅速明朗的做法，简言之，女性不公正的证据，都被爱慕的男人赋予了光彩，仿佛所有女人都有智慧的灵感，而且无须德尔斐的神龛和月桂花的饰带：她们的名言在很久以后都会像神秘的神谕一样被人解说和揣摩。然而，如果你考虑到，对于任何人和任何事，都可以说一些赞成的话，也同样可以说一些反对的话，所有事物不都是双面的，而是三面的、四面的，那么就很难说这样的即兴决定完全不着边际；你甚至可以说：事物的本性决定了女人的估计总是正确的。

16

女性头脑中的矛盾。——由于女性太过于个性化而不实事求是，所以他们的思想存在着一些逻辑上相互矛盾的倾向；她们往往会倾心某种倾向的代表人物，并全盘接受他们的方式方法；但这样一来，只要一个新人物占据了上风，那里便会出现一个空白点。也许会发生这样的事情，一个老太太脑袋里的全部哲学纯粹是由这样的空白点构成的。

论性别和爱情

1

来自母亲。——每个人的内心都有一个从母亲那里继承的女性形象：它决定了他对整个女性的态度，是尊敬、鄙视，还是对她们漠不关心。

2

男性疾病。——最可靠的治疗男人自卑病的方法，就是被一个聪明女人爱上。

3

女人的友谊。——女人完全可以与男人建立友谊，但要维持它，必须借助一点肉体上的反感。

4

爱的元素。——在各种女性的爱中,总有一点母爱显露出来。

5

爱情中没有停顿。——喜欢慢节奏的音乐家会把同一支曲子演奏得越来越慢。同样,在爱情中不存在停顿。

6

女人的理智。——女性的理智表现为自制、清醒和对一切优势的利用。她们把它作为一种基本素质传授给子女,而父亲则为其增添了比较幽暗的意志背景。父亲的影响决定了新生命将要据此演奏的节奏和和声,而旋律却来自母亲。——对善动脑筋的人说的话:女人拥有理智,男人拥有情感和激情。这并不与男人事实上运用他们的理智取得更大成就的事实相矛盾:他们拥有更深刻强大的原动力;正是这些动力使他们的理解力(原本是消极的)达到了如此之高的程度。常常令女人惊讶的是,男人竟如此仰慕她们的情感。因此,当男人在选择伴侣时,特别想要一个深刻的、感情丰富的人,而女人想要一个聪明、清醒并具有光彩的人。很明显,从根本上说,男人追求的是理想的男人,而女人追求的是理想的女人，因此，他们都不是为了补充，而是为了完善自己的优点。

7

恋人是近视眼。——有时候，只要一副高度近视眼镜就足以治愈恋爱中的人；谁具备想象力，能看到二十年后的那张脸蛋和那个身材，谁也许就很容易地走出爱情了。

8

爱情。——女性以爱情的名义发动的偶像崇拜，从根本上说，是一种精明的手段，因为她们通过爱情的理想化来增强自己的力量，并在男人眼中把自己表现得令人向往。但是几个世纪以来，由于习惯了这种对爱的夸张评价，使她们也陷入了自己的网中，忘记了这种手段的初衷。现在，她们自己比男人更容易上当受骗，因此也更容易因幻灭而痛苦，而这种幻灭几乎必然会进入每个女人的生活。

9

被爱。——由于恋爱中的两个人，通常一方是爱的人，另一个是被爱的人，因此人们认为，在每段恋情中，存在一个爱的常量：一个人独占的爱越多，留给另一个人的爱就越少。于是，双方都希望自己被爱：许多半滑稽、半荒唐的场面就是由此而生，尤其是在婚姻生活中。

10

谁更痛苦？——在男女之间发生个人分歧和争吵之后，一方往往因为伤害了对方而痛苦；相反，另一方往往因为自己对对方伤害得不够而痛苦，于是努力用眼泪、啜泣和失落的神情使对方的心情更沉重。

论婚姻

1

友谊与婚姻。——最好的朋友非常可能成为最好的伴侣,因为好的婚姻是建立在友谊的基础上的。

2

不同的叹息。——有些男人叹息他们的妻子与人私奔了,但大多数男人悲叹没有人愿意和他们的妻子私奔。

3

爱情婚姻。——因爱情而缔结的婚姻(所谓的爱情婚姻),对于父亲是迷误,对于母亲是必要(需要)的。

4

地点和戏剧的统一。——如果已婚夫妇不住在一起，幸福的婚姻就会更常见。

5

婚姻的通常后果。——每种交往若不能提升一个人，就会贬低他，反之亦然；因此，男人在婚后通常会有点沉沦，而女人则会有点提升。当一个男人像忌病讳医一般抵制婚姻，他们恰恰最需要婚姻。

6

想要相爱。——顺从习俗而结为夫妻的人，往往会竭尽全力去相爱，以免被谴责是出于冷冰冰的利益计算。同样，那些为了自己的利益而皈依基督教的人，也会努力使自己变得真正虔诚；因为这样一来，宗教的面孔对他们来说就变得容易多了。

7

状态良好的婚姻。——如果双方都希望通过对方来实现各自的目标，这样的婚姻就能维持下去；例如，女方想靠男方出名，男方想靠女方邀宠。

8

检验美好婚姻的标准。——婚姻是否美好，要看它是否经得起"例外"的考验。

9

婚姻是一场漫长的交谈。——在缔结婚姻时，人们应该问自己这样一个问题："你认为你能和这个女人好好地度过晚年吗？"婚姻中的其他一切都是短暂的，而交谈则占据了婚姻的大部分时间。

10

女人大度的机会。——如果我们在思考问题时可以不考虑习俗的要求，那么，不妨设想一下，天性和理性是否建议男人们先后结几次婚：也许，在二十二岁时，他应该先娶一个年纪较大的女孩，她在心智和品德方面都优于他，可以带领他度过二十几岁时的所有危险（野心、仇恨、自卑和各种激情）。然后，她的爱情将会完全转变成母爱,在男人三十岁时,她不仅容忍,还会以最有益的方式鼓励男人与一位年轻姑娘结为夫妇,并由他担负起教育姑娘的职责。婚姻对二十几岁的人来说是必修课;对三十几岁的人来说是用的课程,但不是必要的;对以后的生活来说,婚姻往往是有害的,会导致男人的精神退化。

11

婚姻的未来。——以教育和提升女性为己任的高尚而思想开明的女性不应忽视一个观点:婚姻的最高境界是两个异性之间的精神友谊,同时,正如人们结婚时所希望的,它又是为了培养和教育新一代而缔结的,这种婚姻可以说只是把性欲作为达到更高目的的一种暂时的、偶尔的手段,因而就像人们不得不做的那样,它恐怕还需要一种自然的辅助手段,即姘居。如果出于健康的考虑,妻子只是为了满足男人的性需求,那么,在选择配偶时,便会出现一种与上述目的相反的错误观点:繁衍后代,将是偶然的,成功教育后代也是极不可能的。一个好妻子,应该既是朋友、帮手、生儿育女者、母亲,又是一家之主和管理者,甚至可能还要在丈夫之外独立担当她自己的事业和职务,她不可能同时又是一个情人;总的来说,这对她的要求太高了。因此,有朝一日,伯里克利时期发生的情况可能会重演:男人们的妻子对他们来说不过是一个情人,此外他们便求诸阿斯帕西亚们,因为他们渴望一种既能满足头脑又能满足心灵的伴侣关系,而这样一种关系只有优雅知性的女性才能提供。就像婚姻一样,所有的人类制度只允许适度的理想化,否则就必须立即采取粗暴的补救措施。

12

过于亲密。——当我们与一个人过于亲密,那么结果就像我们老是用手去触摸一张精致的铜版画一样,总有一天,我们手中除了一张已经被损坏的脏纸之外,不会再剩下什么了。一个人的灵魂也会因为不断地触摸而变得破旧不堪;至少在我们眼中它总会如此——我们再也看不到它原初的图画和美丽了。我们总是在与女人以及朋友的密切交往中迷失方向;有时,我们还因此失去了生命中的珍宝。

13

自愿的牺牲。——如果丈夫是伟大而著名的人物,能干的女人没有任何办法可以减轻丈夫的痛苦,因为他们仿佛成了容纳其余男人普遍不满和一时怒气的容器。同代人通常习惯于探寻伟人身上的许多错误、愚蠢,只要他们能找到一个人作为适当的牺牲品,便可以放松他们的心情。女人身上不乏为此牺牲的抱负,这当然使男人十分满意,因为他们足够自私,身边有这样一个把暴风雨引开的志愿者,他自然很乐意。

婚姻不宜于自由思想家

1

自由思想与婚姻。——自由思想者会与女性生活在一起吗?一般来说,我认为,就像古代的预言鸟一样,就像现在的真理思考者和真理表达者一样,他们一定更愿意独自飞翔。

2

婚姻的幸福。——我们习以为常地在周围织成了一张不断收紧的蛛网;不久我们就会发现,蛛丝变成了绳索,而我们自己则坐在中间,就像一只被抓住的蜘蛛,不得不以自己的血为生。因此,自由的灵魂憎恨一切规则和习俗,一切永恒和确定的东西,因此,他不断地忍痛撕开缠绕自己的网,尽管他将遭受大大小小伤口的折磨,——因为他必须把这些线从他自己身上,从他的肉体和灵魂上扯开。他必须学会去爱他曾经憎恨的地方,反之亦然。事实上，在他曾经撒下丰饶的善意的那片土地上播种龙牙，对他来说并非不可能。——他完全不考虑，他是否是为了婚姻的幸福而这样做的。

3

金色的摇篮。——当一颗自由的灵魂终于下定决心摆脱女人对他母亲般的呵护和监护时，他总会感到如释重负。她们一直小心翼翼地保护着他，但一场大风又能带来什么伤害呢？与金色摇篮的束缚，以及他因为像婴儿一样被伺候和宠爱而心存感激的压迫相比，真正的不利、损失、不幸、疾病、过错或愚蠢对他的生活又有什么影响呢？所以那些哺育他的女人的乳汁虽然传递了母爱，却又是如此容易变成胆汁。

4

可爱的敌人。——女人天生就喜欢安静、规律、愉快的生活和交往，她们对生活具有如油一样润滑消解的作用，这在不知不觉中影响着自由思想的内在冲动。女人对此毫无察觉，她们的行为就像是替一位漫游的矿物学家搬走路上的石头，以免他踢着它们，——殊不知矿物学家正是为了要踢到它们才上路的。

5

两个和音的失调。——女人愿意服务,她们的幸福系于此;可是自由思想家不愿意被服务,他的幸福也系于此。

6

赞西佩。——苏格拉底找到了一个女人,一如他所需要的,可是假如当时他对她足够了解,也就不会找他:这位自由思想家的英雄主义不至于走得如此之远。事实上,赞西佩把他弄得有家不能回,迫使他越来越深入到他那独特的使命中:她教会他在街头闲谈,从而使他成为雅典最伟大的街头辩论家;最后,他不得不把自己比作一只叮人的牛虻,因神的吩咐停留在雅典这匹美丽的马的脖子上。

7

盲于远视。——正如母亲只能感觉到和看到自己孩子的明显痛苦一样,志向远大的男人的妻子们也忍不住用同情、困苦乃至轻蔑的眼光看她们的丈夫——尽管这一切也许不仅证明了她们正确地选择了自己的生活方式,甚至还保证了她们的伟大目标总有一天会实现。女人们总是对丈夫更高尚的灵魂图谋不轨;她们试图欺骗丈夫忘记他们的未来，以换取无忧无虑、安逸舒适的现在。

8

权力与自由。——无论女人多么敬重自己的丈夫，也赶不上她们对社会所承认的权力和观念的尊敬：千百年来，她们已经习惯于向一切统治力量鞠躬和作揖，谴责任何反对正统权力的行为。因此，她们无意识地充当了自由心灵的阻碍，在某些情况下，把她们的丈夫弄到忍无可忍的地步，尤其是当她们说自己的行为真的是出于爱的时候。不赞成女人的做法，却尊重她们这样做的动机，这就是男人的天性，也常常是男人的绝望。

9

假如一帮穷光蛋下令废除继承权，当然是可笑的，而无后的人们忙于一个国家的实际立法，这也同样可笑：他们没有足够的重量以保证在未来的海洋上安全航行。但是同样荒唐的是，一个以认知和评价为己任的人，却让自己承担照看一个家庭及其生计的责任，在他的望远镜前罩上一层不透明的纱巾，使远方星辰的光芒几乎完全透不进来。我由此得出一个命题：就最高哲学思想

每一个不曾起舞的日子
都是对生命的辜负

而言,所有已婚男人都是可疑的。

终结。——毒参有很多种,而命运通常会找机会把这样一杯毒汁放在自由精神者的嘴边——以"惩罚"他,就像每个人说的那样。那么他身边的女人们做了什么?她们会哭泣、哀叹,也许搅扰了思想家日落时分的宁静:就像她们在雅典的监狱里所做的那样。"哦,克力同,叫人把这些女人带走吧!"苏格拉底最后说道。

什么是浪漫主义

人们也许记得，至少我的朋友中会有人记得，起初我是带着某些错误和对未来过高的估计来抨击现代世界的，但无论如何，我心中是充满希望的。我对19世纪哲学界悲观主义的理解（也不知道是依据哪些个人经验），认为它是思想的较高力量的表征，无所畏惧的勇敢的表征，更得意的充实生活的表征，其实这些特征属于十八世纪，属于休谟、康德、孔第拉克和感官主义者的时代。因此，在我看来，对事物的悲剧性看法是我们文化特有的奢侈，是其最昂贵、最显赫、最危险的挥霍方式，然而，由于现代文化的鼎盛，这又是一种理所当然的奢侈。同样，我把德国音乐理解为酒神式强力的表达：我以为我在音乐中听到了地震的声音，通过这种方式，一种被禁锢已久的原始力量终于找到了宣泄的渠道——至于一切被称为文化的东西是否因此而摇摇欲坠，我并不关心。显然，我当时误解了哲学悲观主义和德国音乐的真正特征，即它们是浪漫主义。

每一个不曾起舞的日子
都是对生命的辜负

　　什么是浪漫主义？每一门艺术和每一种哲学都可以被视为一种治疗和辅助手段，服务于不断成长和挣扎的生命，它们始终是以痛苦和痛苦者为前提的。但痛苦者有两种：一种是苦于生命的过剩，他们需要酒神的艺术，同时也需要悲剧性的人生观和洞察力；另一种是苦于生命的贫乏，他们通过艺术或知识寻求安宁、平静和静谧，或者寻求迷醉、痉挛、麻痹和疯狂。各种艺术和知识中的浪漫主义完全符合这两种痛苦者的需要，叔本华和瓦格纳也符合这些。这二位是最著名、最具有代表性的浪漫主义者，当初我是误解了他们——顺便说说，这对他们没有什么损害。

　　生命力最旺盛的、酒神式的神和人，不但能直视可怕和可疑的事物，而且欢欣于可怕的行为本身以及一切破坏、瓦解和否定。在他那里，邪恶、荒谬和丑陋似乎都是被许可的，由于创造力过剩，他们甚至可以把每一片荒漠都变成繁茂的果园。相反，最痛苦的人，生命力最贫乏的人，在思想和行动上大都需要温和、和平与仁慈，如果可能的话，他们还需要一个上帝，一个专门为病人服务的上帝，一个"救世主"。同样，他需要逻辑，需要对人生的抽象理解，因为逻辑可以抚慰人，使人有信任感，总之，他们需要某种温暖的、消除恐惧的密室，需要被禁锢在乐观的视野中。这样，我渐渐学会了理解伊壁鸠鲁（他是酒神悲观主义者的对立面），同样，我也开始理解"基督徒"，事实上仅是伊壁鸠鲁主义者的一个类型，两者本质上都是浪漫主义者。

我在观察最困难和最棘手的反推论形式（大多数错误都是由它造成的）时，眼光越来越敏锐了，这就是从作品反推到作者，从行为反推到实践者，从理想反推到需要此理想的人，从每一种思维和评价方式反推到背后的迫切需求。

在考察一切审美价值时，我现在使用这样的区分方法，在每一个案例中，我都会问："饥饿或过剩，哪一个变成了创造力？"从一开始，另一种区分方法似乎更值得推荐，它的效果更明显，就是把着眼点放在创作动机上，究竟是对恒定、永久的渴望，对生存的渴望，还是对破坏、变化、更新、未来、生成的渴望。但是，如果仔细研究一下，我们就会发现这两种渴望本身就是含混不清的，所以还不如使用在前面提到的、在我看来更合理的区分模式来得一目了然。对破坏、变化、更新、未来、生成的追求可能是一种孕育未来的过剩力量的外在表现（我对此使用的术语是"酒神精神"），但它也可能是失败、贫困和不幸的憎恨。因为仇恨，所以才进行破坏的活动，现存的一切统统都在激化加剧这仇恨并使其发作。要理解这种情感，我们不妨观察一下我们的无政府主义者。

那希冀永恒的意志也有两种解释，一方面它可能源于感激和爱：感激和爱的艺术必然是神化的艺术，比如鲁本斯歌颂热情奔放的酒神，哈菲斯高歌欢乐的天国，歌德的明朗慈爱，使万物披上荷马式的光辉与荣耀。另一方面，它也可能是受苦者、挣扎者、受刑者的那种施虐意志，他想把自己最个人、最特殊、最狭隘的特征，也就是他受苦受难的特质，印刻在别人身上，作为一种强制性的法则和约束；它要对一切进行报复，将自己受苦受难的形象强加并烙印在其他一切事物上。后者是最具特征的浪漫悲观主义形式，不论是叔本华的哲学意志，还是瓦格纳的音乐，都属于浪漫悲观主义，它是我们文化命运中的最后的重大事件。（还可能有一种完全不同的悲观主义，即古典悲观主义——这感觉和想象是属于我个人的。）只是"古典"这个词在我听来是很不舒服的，因为它过于陈旧，也太笼统。我把这种未来的悲观主义——因为它正在到来！我看到它来了！——暂时命名为酒神悲观主义。

闲暇与优游

美国人的拜金是一种印第安人式的、印第安血统特有的野蛮：他们匆忙的工作——新世界特有的恶习——已经开始感染旧欧洲，使其也变得野蛮起来，并在欧洲蔓延着一种奇怪的缺乏理智的现象。现在，人们羞于静下心来；即使是长时间的思考也几乎会让人良心不安。思考是在停表的情况下进行的，就像吃饭时眼睛盯着财经报纸一样；我们就像那些不断"害怕错失良机"的人一样生活着。"宁可做任何事，也不要什么都不做"——这个原则也是一个绞索，所有的文化和更高的品味都可能被它绞死。正如所有的形式显然都在工人们的这种匆忙中消失了一样，对形式本身的感觉、对运动旋律的耳朵和眼睛也消失了。证明这一点的是，现在一个人希望与同伴真诚相待的所有场合，在与朋友、妇女、亲戚、孩子、老师、学生、领导和王公的交往中，到处都要求有笨拙的敏锐性，人们不再有时间或精力去讲究礼节、迂回的礼节、谈话中的任何精神或任何其他休闲活动。因为在追逐利益的生活中，一个人不得不不断地消耗自己的智力，甚至耗尽智力，不断地装腔作势、咄咄逼人：如今真正的美德是在比别人更短的时间内做成一件事。因此，只有极少数的时间可以进行真诚的交流；然而，在这些时间里，人们都很疲惫，不仅想"放空自己"，还想笨拙地伸开双腿。如今人们写信的方式非常符合这个时代；他们的风格和精神将永远是真正的"时代标志"。如果说社会和艺术中还有乐趣的话，那也是过度劳累的奴隶为自己提供的乐趣。哦，我们有文化和无文化阶层的"快乐"都是如此节制！哦，对一切享受的怀疑与日俱增！工作正在越来越多地赢得良知的支持：享受的欲望已经自称为"娱乐的需要"，甚至开始自惭形秽。当人们在野餐时被发现，就会说"这是为了健康"。事实上，这种情况很快就会发展到一个人无法屈服于对"沉思的生活"（即与思想和朋友一起游览）的渴望，而不会感到自责和良心不安的地步！以前的情况恰恰相反：是"行动"让人良心不安。家境好的人在需要时会隐藏自己的工作。奴隶则是在"做了一件可鄙的事"这种感觉的重压下劳作："做"本身就是一件可鄙的事。"只有在闲适和优美中才有高尚和荣誉"，古老的偏见声音如此响起！

山上的树

查拉图斯特拉看见一个少年躲开了他。有一天晚上,他在那个叫"彩牛"的市镇的山中独自走过,发现这个少年,靠在一棵树旁,以疲倦的眼光眺望山谷。查拉图斯特拉走近这个青年,抓住那棵树,这样说:

"若我想用双手摇动这棵树,恐怕难以撼动。

"可是,我们看不见的风却折磨它,使它弯曲。最糟糕的是,我们被一双看不见的手所扭曲与折磨。"

少年惊慌失措,站起来说:"我听到查拉图斯特拉的声音,我刚才还想到他。"查拉图斯特拉答道:

"你什么对此大为震惊呢?——人和树的情况是一样的。

"它愈求升到高处和光明,它的根愈往下扎,向黑暗,向深处,向罪恶。"

"是的,伸向罪恶!"少年喊道,"你怎么可能发现我的灵魂呢?"

查拉图斯特拉微笑道:"有些灵魂人们永远发现不了,除非人们先把它们发明出来。"

"是的,伸向罪恶!"少年再次喊道。

"你说出了真理,查拉图斯特拉。自从我想升往高处,我就不再信任自己,也没有人信任我,——这到底是怎么回事?

"我变得太快:我的今天否定我的昨天。当我攀登时,我经常跨越台阶,——没有一个台阶会原谅我。

"我到了上面,发觉自己总是孑然一身。没有人同我说话,寂寞的冰霜使我战栗。我在高处,到底想做什么呢?

"我的蔑视与我的渴望一同生长;我登得越高,就越是蔑视那正在攀登的人。我在高处,到底想做什么呢?

"我多么为自己的攀登和踉跄感到羞愧!我多么嘲笑我的剧烈的喘息!我多么憎恨那飞翔者!我在高处是多么疲惫啊!"

说到这里,少年沉默了。查拉图斯特拉看着他俩身旁的那棵树,说道:

"这棵树孤独地生长在山间;它高高地向上生长,超过了人和兽。

"即使它想说话,也找不到理解它的人:它长得那么高。

"现在它等啊等,——它到底在等什么呢?它住得跟云的所在太近：兴许它在等待第一道的闪电？"

当查拉图斯特拉说完这话，少年激烈地喊道："是的，查拉图斯特拉，你说出了真理。当我想登到高处时，我渴望自己的没落，而你是我等待的闪电！看哪，自从你出现在这里，我还算什么呀？是我对你的嫉妒摧毁了我！"——少年这样说着，伤心地哭了起来。查拉图斯特拉挽住他，带他一同走去。

他俩走了一会儿，查拉图斯特拉又开始说：

"我的心碎了。你的目光，比你的言辞更动人，它告诉我你所有的危险。

"你并不自由，你还在寻求自由。你的寻求使你彻夜不眠、过于清醒。

"你想到达自由的高处，你的灵魂渴望星辰。可是你糟糕的本能也渴望自由。

"你的那些野狗想获得自由；当你的精神企图打开一切牢门，它们在地窖里快乐地吠叫。

"在我看来，你还是一个妄想自由的囚犯：这种囚徒的灵魂变聪明了，但也变得奸诈和恶劣。

"精神获得解放的人必须净化自己。在他心里还留有许多禁锢和污垢：他的眼光仍需要变得纯净。

"是的，我知道你的危险。可是凭着我的爱和希望，我恳求你：不要抛弃你的爱和希望！

"你依然觉得自己高贵，其他怨恨你、向你投来恶毒目光的人，也觉得你高贵。要知道，一个高贵的人对任何人都是障碍。

"一个高贵的人对善人们也是障碍：即便善人们把这个高贵的人称为善人，他们也是想借此把他撇在一旁。

"高贵的人想创造新事物，以及一种新的德性。善人却需要旧事物，永远保存旧事物。

"但是高贵者的危险，并不在他会变成一个善人，而在于他会变成一个狂妄者，一个嘲笑者，一个否定者。

"哎！我知道那些丧失最高希望的高贵者。现在他们诽谤一切崇高的希望。

"现在，他们厚颜无耻地生活在短暂的欢乐中，几乎没有超过一天的目标。

"'精神也是一种情欲。'他们这样说。于是他们精神的翅膀折断了；现在他们爬来爬去，在咬啮中满身污秽。

"从前他们想成为英雄，现在他们成了荒淫之徒。对他们来说，英雄成了一种悲伤和恐惧。

"可是凭着我的爱和希望,我恳求你:不要抛弃你的灵魂中的英雄!保持你最高的希望!"

查拉图斯特拉如是说。

CHAPTER 5

道德是对强者的约束，对弱者的利益

主人道德和奴隶道德 ● 作为反自然的道德

从痛苦中分娩思想 ● 我们是否变得更有道德了

疯狂在道德史上的意义 ● 纯洁的知识

主人道德和奴隶道德

在对地球上迄今盛行或仍在盛行的许多道德观念进行考察时,我发现有些特征经常重复,而且相互关联。最后,终于有两个基本类型跃入我眼帘:世界上存在主人道德和奴隶道德;在此我必须补充说明,在所有较为高等和较为混合的文化中,调和这两种道德的尝试也很常见,更常见的是两者的混乱和相互的误解,有时竟然生硬地并存——甚至在同一个人身上,在同一颗心中。道德上的价值的区分,或者出于统治阶层,他们愉快地意识到自己不同于被统治者;或者出于被统治者,各个等级的奴隶和附庸。在第一种情况下,当"善"的概念由统治者决定时,高贵、骄傲的性格被视为与众不同的特征,并决定了等级的顺序。那些与高贵、骄傲的性格截然相反的人,高贵者将自己同他们划清界限,并鄙视他们。我们立刻可以发现,在第一种道德中,"好"和"坏"的对立等同于"高贵"与"卑鄙"的对立,而"善"与"恶"的对立则另有渊源。受鄙视的是那些懦弱者、懦夫、吝啬鬼、唯利是图之辈；还有那些目光畏惧、顾虑重重的人，自轻自贱的人，任人宰割的走狗、谄媚者，尤其是那些说谎者。所有贵族的基本信念是，普通民众是好撒谎的。希腊的贵族自称为"我们这些诚实的人"。很明显，道德价值的称谓最初都是用在人身上的，只是在后来才被引申到行为上；因此，道德历史学家把"为什么同情的行为受到赞扬"这种问题作为开端，就犯了一个严重的错误。

高尚的人将自己视为价值的决定者，他们不需要别人的认可，他们可以断言"什么对我有害，就是有害的"，他们知道自己是荣誉的授予方，是创造价值的人。他们对在自己身上发现的一切都表示尊重：这种道德无异于自我美化。最先凸显的，是那种丰足感、充实感，是喷薄而出的权力感，是高度紧张的幸福感，是有意给予和分享的财富的意识：高贵者也帮助不幸的人，但不是（或者说几乎不是）出于怜悯，而是出于权力过剩产生的某种欲求。高贵者尊敬自己中间的权势者，即对自己有权力的人，他们有自制力，懂得适时说话和沉默，乐于对自己严酷无情，并向一切严酷无情的人与事致敬。"沃坦在我胸中安放了一颗坚硬的心"，这取自一个古老的斯堪的纳维亚传说，是一个骄傲的维京人灵魂深处的真实写照。这种人甚至为自己不会同情而感到骄傲,因而传说中的英雄添上一句警告:"谁年轻时没有硬心肠,他的心肠就永远硬不起来。"有这种想法的高贵者和勇猛者,在最大程度上远离了这样一种道德,这种道德恰好把同情、利他行为视作有德之人的标志。对自己的信心、对自己的骄傲、对"无私"的彻底敌视和讽刺,与在同情和"热心肠"面前漫不经心的蔑视和防范一样,都属于高尚的道德。对岁月和传统的深深敬畏——所有的法律都建立在这种双重敬畏之上——厚古薄今的信念和偏见,是有权势者道德的典型特征;如果反过来说,具有"现代观念"的人几乎本能地相信"进步"和"未来",而越来越缺乏对岁月的敬畏,那么这些"理念"不怎么高贵的出身就充分暴露了。对现代趣味来说,统治阶级的道德观尤其让人感到陌生,因为它恪守原则:一个人只对同等的人承担义务吗,而对地位较低者,对所有外来者,可以任意或"随心"对待。长存感激和永志复仇的能力及责任(两者都仅仅适用于同等的人),礼尚往来的细腻,交友时的敏锐理解力,树敌的某种必要性(作为嫉妒、好斗、狂妄等情绪的宣泄渠道,从根本上讲,其实是为了成为好的朋友):所有这些都是高尚道德的典型特征,正如已经指出的,它不是"现代观念"的道德,因此目前难以实现,也很难挖掘和揭示。

第二种道德即奴隶道德的情况就不同了。倘若遭受强暴和压迫的人，受苦的人，不自由、不自信、疲惫的人也来谈论道德，那么他们的道德评价会有什么共同点呢？也许是对人类整体境遇的悲观怀疑，也许是对人及其处境的谴责。奴隶用厌恶的眼光看强者的道德，他对一切的"好"持怀疑和不信任的态度，他试图说服自己，强者那边的幸福不是真正的幸福。相反，那些能使受苦者的生存变得轻松的品质得到推崇继而夸赞，在奴隶这边受尊敬的是同情、助人为乐、热心、忍耐、勤奋、谦恭、友谊。因为在这里，这些是最有用的品质，几乎是支撑生存重担的唯一手段。奴隶道德本质上是实用道德。这里是著名的"善"与"恶"对立的起源地：恶中蕴含着力量和危险，蕴含着某种不容轻视的可怕、精巧和力量。根据奴隶道德，"恶"人会引起恐惧；而根据主人道德，恰恰是"善"人会引起恐惧，而坏人则被视为可鄙的存在。在上述情况下，对立达到了顶点：按照奴隶道德的逻辑，这一道德的"善"人身上也上了一丝贬低的色彩（它可能是轻微和好意的）；因为按照奴性的思维模式，善人一定是不危险的人：他心地善良，容易受骗，也许有点儿傻，是个"老好人"。凡是奴隶道德占据上风的地方，语言都显示了一种把"善"和"蠢"当作同义词的倾向。最后一个根本的区别是：对自由的渴望、追求幸福的本能，自由情感的细腻，都必然属于奴隶的道德和道德观，就像敬畏和奉献是贵族的思维方式和评价方式的常规特征。这就不难理解，为什么爱作为一种激情必定有着高贵的来源：众所周知，爱情的发明要归功于普罗旺斯的骑士诗人，属于那些才华横溢、独具慧眼的创造者，欧洲有如此多的东西乃至欧洲本身都应当归功于他们。

作为反自然的道德

1

在一段时间内,所有的激情只是致命的力量,它们用愚蠢的重量拖垮受害者。后来,过了很久,它们才与精神联姻,使自己得以"升华"。从前,人们因激情的愚蠢而向激情开战:人们发誓要消灭激情,在这一点上,所有古代的道德家一致认为"人们必须扼杀激情"。这方面最有名的公式可见于《新约》中的《登山宝训》,顺便说一句,那里的事物绝不是从高处看到的。例如,关于性的教义是这样:"如果你的眼睛冒犯了你,那就把它挖出来。"幸运的是,没有一个基督徒会遵守这条戒律。摧毁激情和欲望,仅仅为了防止它们的愚蠢以及这种愚蠢的不快后果,这在我们今天看来,本身只是一种极端的愚蠢。我们不再钦佩那些仅仅为了让牙齿不再疼痛而拔牙的医生。另一方面,我们有理由承认,在基督教成长的土壤上,"激情的升华"这个概念完全不可能形成。众所周知，早期教会为支持"精神上的贫穷"而与"智者"开战。人们怎么能指望他们打一场反对激情的理智之战呢？教会通过采取切除的方式来对抗激情：其策略，其"疗法"，就是阉割。它从不谈："怎样使欲望升华、美化、神化？"它在任何时候都把纪律的重点放在消除（感性、傲慢、专横、贪婪、报复欲）上。但是，从根本上摧残激情就意味着从根本上摧残生命；教会的做法就是与生命为敌……

2

同样的手段（切除、切除）也被那些人用来与欲望斗争，他们的意志过于薄弱，因而无法在欲望中自我克制，以致需要苦修或某种最后通牒，在自己和激情之间设一条鸿沟。只有衰败的人才认为激进的方法是不可或缺的；意志薄弱，更具体地说，即无法对刺激做出反应，本身就是衰败的另一种形式。对感性怀有激烈的、殊死的敌意，始终是一种值得深思的征兆，以此，人们推测出这样一个过激者的总体状态。顺便说一句，只有当这类天性不再有足够坚定的力量去进行彻底的治疗，驱走身上的"魔鬼"之时，敌意和仇恨才会达到顶峰。纵观教士、哲学家、艺术家的全部历史：反对感官的最恶毒的话并非出自阳痿者之口，也不是出自禁欲者之口，而是出自无能禁欲者、必须禁欲者之口。

3

感性的升华叫作爱，这是基督教的伟大胜利。另一个胜利是我们对敌意的升华，包括深刻理解拥有敌人的价值，简言之，就是与我们过去的行动和推论相反。教会在任何时候都想消灭它的敌人；而我们这些非道德主义者和反基督徒却认为教会的存在对我们有利。在政治上，敌意也得到了升华：变得更加明智，更加审慎，更加宽容。几乎每个政党都明白，为了保存自己，反对党的力量不可或缺；这同样适用于大规模的政治。特别是一个新的创造物，如新的帝国，更需要敌人而不是朋友：在对立中它才感到自己是有必要的，在对立中它才成为必要的；我们对"内心的敌人"也是如此：在这里我们将敌意升华，也理解了敌意的价值。一个人只有充满矛盾才会多产，一个人只有在灵魂不懈怠、不贪图享乐的情况下，才能永葆青春。没有什么比从前那种对"灵魂的宁静"的渴望，那种基督徒式的愿望与我们更加格格不入的了；没有什么比道德的母牛和良心的安宁带来的幸福感更不让我们羡慕的了。谁放弃了战争，谁就放弃了伟大的生活……当然，在许多情况下，"灵魂的宁静"只是一种误解，是不会更诚实地命名自己的别的什么东西。不绕弯子、不带偏见地说，有这样一些情况，例如"灵魂的安宁"可以是一种丰富的动物性向道德（或宗教）领域的温和流露，也可以是疲倦的开始，是夜晚、任何一个夜晚投下的第一道阴影；可以是预示着空气湿润、南风将至的标识，也可以是对消化良好的无意识感激（有时被称为"博爱"）；可以是康复者的宁静，他们重新品味万物，心怀期待，也可以是最强烈的激情得到彻底满足后的状态，是一次罕见的饱足的舒适感；可以是我们的意志、欲望、恶习的衰败，也可以是懒惰在虚荣心哄骗下披上道德的外衣；可以是在因不确定性而经历了长期的紧张和折磨之后，出现的一种确定状态（哪怕是一种可怕的确定状态），也可以是在完成一项任务、一项创造性工作、一项作品、一件事情的过程中，表现出的成熟和熟练，是平静的呼吸，是已经达到的"意志的自由"……偶像的黄昏：谁知道呢？也许也只是一种"灵魂的宁静"……

4

我制定一个原则。道德中的每一种自然主义，也就是每一种健全的道德，都被一种生命的本能支配——生命的任何一种戒律都用"应该""不应该"的教规来贯彻，生命道路上的任何一种障碍或敌对因素都因此被清除。相反,与自然对立的道德,也就是说,迄今为止几乎所有被教导、尊崇和宣扬的道德,都是反对生命本能的。它们是对这些本能的谴责,有时是隐秘的,有时是明目张胆、厚颜无耻的。它们声称的"上帝能看透人的内心",是对生命中最深最高的欲望说"不",……生命在"上帝的国度"开始的地方结束……

5

如果一个人领悟到这种对生命的反对是一种亵渎行为(这种反对在基督教道德中已经变得几乎神圣不可侵犯了),那么他因此也就幸运地领悟了一些别的东西,那就是这种反对是无用的,虚假的,荒谬的,虚伪的。活着的人对于生命的谴责终究只是某种生命的征兆,至于是否合理,这个问题甚至都没有被提出来。一个人必须在生命之外有一个不同的立足点,像一个人,像许多人,像所有经历过生命的人一样了解生命,才能真正触及生命价值的问题。当我们谈论价值时,我们是在生活的启发下,通过生活的视角来谈论价值的:生活促使我们确定价值;当我们确定价值时,生命在通过我们进行评价。由此可见,即使是与生命对立的道德,即使是将上帝视为生命的对立面和谴责生命的道德,也只是对生命的评价。哪一种生命?哪一种类型的生命?我已经回答了这个问题:它是对衰落的、虚弱的、枯竭的和被谴责的生命的评价。道德,正如人们迄今为止理解的那样,正如叔本华最后提出的"对生命意志的否定"那样,是使自己成为一种绝对命令的颓废的本能本身,它说:"毁灭!"——这是受谴责者的判决……

6

最后,让我们想一想,说"人应该如此这般"这种话是多么天真。现实向我们展示了令人惊叹的丰富类型,以及繁多的形式和变化,而某位可怜的道德家却说:"不!人应该与众不同!"他甚至知道人应该是什么样的,这个自以为是的自大狂,他在墙上画了幅自画像,说:"瞧这个人!"然而,即使道德家只对个人说"你应该如此这般!"他仍然是在自欺欺人。个人的过去和未来都是命运的一部分,对于未来和将要发生的一切而言,它更是一种法则,一种必然。对他说"改变你自己",无异于说一切都应该改变。然而确实有一些坚定的道德家,他们要人变成另一种样子,即变得有道德;他们想让人按照他们的形象来改变,即变成伪君子。为此,他们否定了世界!不要渺小的疯狂!不要适度的无礼！道德倘若不是从生命的状态、理由、意图的角度出发，而是从本身出发进行谴责，它便是一种特别的谬误，任何人都不应对此报以同情，这是一种退化的特性，已酿成无穷的祸害！相反，我们这些非道德主义者却敞开心扉，接受各种理解、领悟和认可。我们不轻易否认，我们以对事物说"是"为荣。我们越来越欣赏那种经济学，它善于利用那被教士的神圣愚昧和病态理性抛弃的一切，欣赏那种生命法则中的经济学，它甚至从伪君子、教士、有德者等这类令人厌恶的人群中获利——什么利益？——我们自己，我们这些非道德主义者，就是这里的答案……

从痛苦中分娩思想

你们可以猜到，我并不想忘记那段久卧病床的岁月，那时的收获直到今天仍是我用之不尽的。因为我充分意识到，在我健康状况变化无常时，我比一般精神健康的人先拥有什么。一个哲学家，如果他经历过并且不断重复经历着种种健康状况，那么他同时经历了种种哲学：除了把自己的状态转换成最精神的形式之外，他真的别无他法，这种变形的艺术就是哲学。

我们哲学家不能自由地把灵魂和肉体分开，如一般人所为，更不能自由地把灵魂和思想分开。我们不是会思考的青蛙，不是有着冰冷内脏的照相机和打字机，我们必须不断地在痛苦中分娩我们的思想，必须向它们贡献我们血液、心灵、热情、喜悦、激情、痛苦、良知、命运和灾难。我们要不断地将我们的一切转化为光明和火焰，也将我们所遇到的一切转化为光明和火焰，我们不能是别的样子。

至于疾病，我们不妨试问一下，它是否真的不可或缺？只有巨大的痛苦才是精神的最终解放者，因为它是强烈怀疑的导师，把每个灾祸都变成一个 X，一个真正的、正确的 X，即字母表上的倒数第三个字母；只有巨大的痛苦，那漫长而缓慢的痛苦，迫使我们跃入最后的深渊，摒弃所有的信任、所有的善意、面纱、柔情和平庸，而这些也许是我们以前安放人性的地方。这种痛苦是否让人"变好"，还有待证实，不过我清楚它能使我们变得深刻。我们也许学会了用我们的骄傲、我们的嘲讽、我们的意志力去面对它，像某个印度人那样行事，无论遭受怎样的痛苦折磨，都要向折磨他的人复仇；我们也许为逃避痛苦而退入东方的虚无之中（它被称为涅槃），退入不看、不听、不说的禅定状态，经过这样漫长而危险的自制练习，成为另一种人，有了更多的疑问，最重要的是，与过去相比，我们更经常、深刻、严格、严厉、恶毒、平静地发问。

对生活的信心消失了，生活本身成了一个问题。但不要以为我们从此变成了忧郁者，对于生命，我们依然热爱，只不过是用另一种方式去爱。这就像爱一个让我们生疑的女人。只不过，在这些更有灵性的人身上，所有可疑之物的魅力，对未知之物的兴趣实在太大，因此这种兴趣就像那一片绚丽的红霞，一次又一次地落向一切可疑之物，一切不确定的危险，乃至爱人的嫉妒。我们发现了一种新的幸福……

我们是否变得更有道德了

众所周知，在德国，道德本身就被当作了道德，正如我们所预料的那样，道德僵化的整个凶猛势头，都向我的概念"超越善恶"发起了攻击。关于这一点，我可以给你讲一些动听的故事。最重要的是，人们试图让我看到我们这个时代在道德情感方面"无可争议的优越性"，以及我们在这些问题上取得的进步。与我们相比，恺撒·博尔哈绝不是"更高的人"，也就是我所说的那种超人。瑞士报纸《联邦报》的编辑不仅对我的勇气表示钦佩，而且还假装"明白"我的作品的目的是要消除一切正派的感情。非常感谢！作为回答，我冒昧地提出以下问题：我们真的变得更有道德了吗？每个人都认为我们变得更有道德了，这已经是对这一信念的反对。我们现代人是如此的细腻和易感，充满了相互之间的体贴，我们居然敢认为，我们大家所表现出来的这种呵护同胞的感情，我们终于在互相帮助、互相信任方面获得的这种一致，标志着我们向前迈出了明确的一步，表明我们远远领先于文艺复兴时期的人。但是,每个时代都有相同的想法,也必然会有相同的想法。至少可以肯定的是,我们不敢站在文艺复兴时期的环境中,我们甚至不敢想象自己处于那种环境中:我们的神经无法承受那种现实,更不用说我们的肌肉了。然而,无法做到这一点并不意味着任何进步,而只是因为我们的天性与众不同,更加衰老,更加软弱、细腻和易受影响,在这种情况下,必然会产生一种更富于深思熟虑的道德。如果我们把我们的细腻和衰老、我们的生理机能衰退想象成不存在,我们的"人性化"道德就会立即失去所有价值——任何道德本身都没有价值——它甚至会让我们充满蔑视。另一方面,不要让我们怀疑,我们这些被厚厚的人道主义棉絮包裹着的现代人,甚至连一块石头都不敢碰,会给恺撒·博尔哈的同时代人带来一出喜剧,让他们笑得死去活来。我们的现代"美德"确实非常可笑,但我们自己却不知道。敌意本能和引起怀疑的本能的衰退——如果说这就是我们的进步的话——只是生命力普遍衰退所表现出来的结果之一:要过这样一种依赖性和衰老的生活,需要百倍的麻烦和谨慎。在这种情况下,每个人都会向其他人伸出援助之手,在某种程度上,每个人要么是残疾人,要么是残疾人的随从。这就是所谓的"美德":在那些了解不同生活的人中间,也就是说,在一种更充实、更浪

每一个不曾起舞的日子
都是对生命的辜负

荡、更丰富的生活中，这种美德可能会被冠以另一个名字，可能是"懦弱""卑鄙"或"老太婆的道德观"。……我们对道德的软化——这是我的呐喊；这是我的创新——是我们衰落的结果；反之，道德的坚硬和可怕可能是生命过剩的结果。当后一种状态盛行时，许多事情被大胆地提出，许多事情被挑战，许多事情也被挥霍。以前仅仅是生命之盐的东西，现在会成为我们的毒药。漠不关心——甚至这也是一种力量——同样，我们太衰老、太颓废了：我们的同病相怜的道德观，我是第一个对它提出警告的人，这种可以被称为道德印象主义的东西，是一切颓废事物所特有的过度生理刺激的一种症状。这场运动试图在叔本华的怜悯道德的肩膀上以科学的方式介绍自己——一个非常可悲的尝试！——其本质是道德的颓废运动，因此它与基督教道德密切相关。强大的时代和崇高的文化在怜悯、在"爱邻人"、在缺乏利己主义和自尊中看到了一些可鄙的东西——时代应该根据其积极的力量来衡量；按照这个标准来评价，文艺复兴那个浪子回头、命运多舛的时代似乎是最后一个伟大的时代，而我们现代人带着对自己的焦虑和对邻人的爱，带着我们所有的工业、公平和科学方法等朴实无华的美德——带着我们对收集、经济和机械的欲望——代表了一个软弱的时代……我们的美德必然是由我们的弱点决定的，甚至是由我们的弱点激发的。"平等",一种使每个人都变得一致的确定过程,只有在平等权利的理论中才能找到它的表现形式,它在本质上是与衰落的文化联系在一起的:人与人之间、阶级与阶级之间的鸿沟,类型的多样性,成为自我和区分自我的意愿,事实上,我称之为距离的悲怆,是所有强势时代所特有的。极端之间的张力——甚至是张力本身——与日俱增,极端本身趋于湮没,以至于变得完全相同。我们所有的政治理论和国家宪法,除了"德意志帝国"之外,都是衰落的逻辑结果和必然结果;衰落的无意识影响甚至开始支配各种科学的理想。我对整个英国和法国社会学的反对意见仍然是,它只从经验中了解社会的衰落形式,并以完全孩童般的天真,将衰落的本能作为社会学评价的准则和标准。衰落的生活,一切组织力量的衰落,也就是说,一切分隔、劈开鸿沟、确立上下等级的力量的衰落,在现代社会学中被作为理想。我们的社会主义者是颓废派:但赫伯特·斯宾塞也是颓废派——他在利他主义的胜利中看到了一些值得期待的东西!

疯狂在道德史上的意义

虽然从好几千年开始，直到今天，所有人类都生活在"习俗道德"的巨大压力之下，但是新的不同的思想、价值观和冲动还是一次又一次地出现了。几乎到处都是疯狂在为新思想开路，打破了旧习俗和迷信的魔咒。你们明白为什么要通过疯狂来实现这一点吗？为什么是那恐怖莫测，如天气和大海般喜怒无常，令人畏惧和提防的东西？为什么是那丧失意识，如癫痫病人的抽搐、口吐白沫，在疯子眼里是神性的面具或传声筒的东西？为何是那使新思想的承载者自己也敬畏和害怕自己，驱策他去做新思想的先知和殉难者的东西？

在我们这个时代，我们不断听到这样的说法：天才是疯狂的，而不是理智的。早期的人更倾向于相信，无论在哪里，只要有精神错乱的痕迹，就同样存在着一定比例的天才和智慧。"希腊借疯狂获得了最伟大的财富，"柏拉图以及所有古人说。让我们更深入一步：所有那些不可遏制地要打破一切伦理束缚的出类拔萃者，如果原先并非真的疯了，那么他们除了把自己弄疯或假装发疯之外，别无出路。这不仅适用于宗教和政治制度的改革者，也适用于各个领域的革新者。甚至诗律的改革者也必须借疯狂获得自信。（因此，即使到了较温和的时代，诗人们仍保留着疯狂的遗风，例如，梭伦在动员雅典人收复萨拉米斯时曾追述此风。）

"倘若一个人不是疯子，也不敢装疯，他怎么能让自己发疯呢？"几乎所有的古代杰出人物都曾陷入这一可怕的思路；一种传授这方面诀窍和饮食指南的秘密学说逐渐形成，人们觉得这种考虑和企图是无辜，甚至是神圣不可侵犯的。在印第安人中成为巫医，在中世纪的基督徒中成为圣徒，在格陵兰人中成为司鼓巫，在巴西人中成为巴基的方法本质上都是一样的：荒唐地斋戒，持久地禁欲，遁入沙漠，隐入深山，攀上柱顶，并断绝杂念，一心想着可能引起狂喜或精神错乱的事情。所有时代最有创造力的人可能都遭受了最无情的灵魂痛苦，谁敢一瞥其中的荒凉！谁又能倾听那些孤独而痛苦的心灵的叹息："天神啊，请赐予我疯狂！疯狂，让我终于可以相信自己！请赐予我谵妄和抽搐，突然的亮光和突然的黑暗；用凡人从未经历过的颤抖和狂热、铿锵的声响和魂牵梦萦的幽灵来吓唬我；让我咆哮、呜咽，像野兽一样爬行,只要我能相信自己!怀疑在吞噬我,我杀死了法则,法则令我惧怕就像尸体令活人惧怕一样。如果我不能凌驾于法则之上,我就是天下最堕落的人了。我体内的新精神从何而来?如果不是来自你们,又会来自何方?证明给我看,我是属于你们的;唯有疯狂能给我证明。"这样的狂热常常会达到目的:当时基督教在圣徒和沙漠隐居者身上极其充分地证明了它的成效,因而误以为也证明了它自己。在耶路撒冷建有大量的疯人院,以收容那些发病的圣徒,收容那些被疯狂的洪水泯灭了最后一丝意识的人。

纯洁的知识

昨夜月亮升起时,我还以为它要孕育一个太阳:它在地平线上如此广博而丰满。

可是,它怀孕是骗人的;比起女人,我更愿意相信月亮上有男人。

诚然,这个胆小的夜游者,也不大像男生。确实,它怀有内疚地在屋顶上徘徊。

因为它贪婪、嫉妒,这月亮上的僧侣,它贪恋人间,贪恋爱人的一切欢乐。

不,我不喜欢它,这屋顶上的雄猫啊!我讨厌那些在半掩着的窗户边溜达的人!

它虔诚而静默地游走于群星的地毯上,但我不喜欢一切轻盈的脚步,其中甚至不会发出一点踢马刺的叮当声。

每个诚实者的脚步都发出声音;而猫儿却在地上偷偷溜走。瞧!月亮像猫似的走来,不诚实地走来。

这个比喻是对你们这些敏感的伪善者说的,是对你们这些"追求纯粹的认识者"说的。我称你们为"贪婪的人"!

你们也爱大地,爱尘世:我看穿了你们!可是在你们的爱中有羞耻感和内疚感——你们就像月亮!

人们曾劝说你们去蔑视地上的一切,你们的精神被说服了,但你们的内心却没有被说服:你们的内心是最强大的!

现在你们的精神羞于服从你们的内心,为了掩盖自己的羞耻,它们走上隐蔽小路和欺骗之路。

"对我来说,无欲无求地静观生命,而不是像狗似的伸着舌头,这才是最高境界。"——你那说谎的灵魂这样对自己说。

"在静观中获得快乐,熄灭意志,摆脱自私自利的执着和贪求,全身冰凉而带灰色,却有一双醉人的月亮之眼!"

"这对我来说是最美好的事情",——受骗的精神这样欺骗自己——"像月亮爱大地一样爱大地,只用眼睛去感受它的美丽。"

"就是我所说的对万事万物的纯粹感知:我对事物毫无所求,只想躺在事物面前,犹如一面具有千百只眼睛的镜子。"

啊,你们这些敏感的伪善者,你们这些贪婪的人!你们的欲望缺少纯真,而现在你们却因此诋毁欲望!

诚然,你们不以创造者、生育者或欢乐者的身份热爱大地!

纯真在哪里？在有生育意志的地方。对我来说，超越自己而创造的人，拥有最纯粹的意志。

美在哪里？在那里，我必须以我的全部意志去意愿；在那里，我想要爱和毁灭，让形象不再仅仅是形象。

爱与毁灭：这是永恒的韵律。愿意去爱，也是为死亡做好了准备。我这样对你们这些懦夫说！

然而现在，你们被阉割了的斜视竟想要成为"沉思"！怯懦的眼睛去审视的东西却被冠以"美丽"！啊，你们这些亵渎高贵名字的人！

但这将是你们的诅咒，你们这些无暇的人，你们这些追求纯粹的认识的人，你们永远不会孕育，即使你们在地平线上广博而丰满！

你们满口都是高贵的言辞，而我们却要相信你们的心是充实的，你们这些骗人的家伙？

但我的话是微不足道的、受蔑视的、结结巴巴的：我乐愿拾起你们在吃饭时掉在桌子底下的弃物。

然而，我还是可以对那些伪善者说真话！是的，我的鱼骨、贝壳和带刺的树叶会刺痛你们的鼻子！

污浊的空气总是围绕着你们的筵席：你们贪婪的思想，你们的谎言和阴谋总是弥漫在空气之中!

不妨先大胆相信你们自己吧——你们自己和你们的内心!不相信自己的人总是在撒谎。

你们这些"纯洁的人",上帝的面具已经挂在你们面前:你们的可怕的蛇爬进了一个上帝的面具里。

你们这些"沉思的人",你们真会骗人!就连查拉图斯特拉也曾被你们神性的外表所迷惑;他没有看出塞在面具里的蛇。

一个上帝的灵魂,我曾以为它在你们的游戏里游戏,你们这些追求纯粹的认识的人!我以为任何技艺都没有你们的技艺高明!

我在远处看,没有发现毒蛇的污秽和恶臭;不知道有狡猾贪婪的蜥蜴在此潜行。

可我走进你们了:白昼来到我身边,而现在白昼也走向了你们,月亮的恋情已经结束!

看哪!月亮被逮住了,惊讶而苍白地站在那儿,在曙光面前!

因为灼热的红日已经到来,她对大地的爱已经来了!纯真和创造性的欲望,是全部太阳的爱!

看哪,她在海面上急不可耐地走来!难道你们感觉不到她的爱的焦渴和热烈吗？

她想要吮吸大海，把大海的深渊吸到她的高度：现在，大海的欲望带着它的千百个乳房冉冉升起。

大海情愿让太阳的焦渴吻它，吸它；它情愿化为大气、成为高空，成为光的路径，甚至成为光本身！

确实，我像太阳一样热爱生活，热爱深海。

这就是我所谓的认识：一切深渊都应上升——到我的高度！

查拉图斯特拉如是说。

CHAPTER

6

多数人贪图安逸，
少数人超越自己

在自己身上克服时代 • 从深刻回归肤浅 • 为永恒的生成辩护
崇高的人们 • 创造者之路 • 超人和末人

在自己身上克服时代

我写这篇文章是为了缓解我的思绪。我在这篇文章中赞扬比才而贬低瓦格纳,并非仅仅出于恶意。在众多玩笑当中,我要端出一件不能开玩笑的事。背弃瓦格纳对我来说是命运的安排;此后又喜欢上任何其他作品对我来说都是一种胜利。也许没有人比我更危险地与瓦格纳精神紧密相连,没有人比我更强硬地抵制过瓦格纳精神,没有人比我更为摆脱瓦格纳精神而欣喜若狂。那是一段漫长的历史!——想要用一个词来形容这段历史?——倘若我是一个道德家,谁知道我会怎样来命名它?也许叫自我克服。不过哲学家不喜欢道德家,他也不喜欢漂亮字眼。

一个哲学家对自己的首要和最高要求是什么?就是在自己身上克服他的时代,成为"无时代的人"。那么哲学家必须靠什么去进行他最艰难的斗争呢?就靠那使他成为他的时代的产儿的东西。好吧!和瓦格纳一样,我也是这个时代的产儿,就是说,我也是一个颓废者。唯一不同的是,我认识到了这一事实,并与之抗争。是我身上的哲学家因素抗拒了这一点。

迄今为止，我最关注的问题一直是颓废问题，对此我是有理由的。"善与恶"只是这个问题的变种而已。如果一个人能够发现衰落的征兆，那么他也就理解了道德，理解了隐藏在道德最神圣的名称和价值表象之下的东西：衰退的生命，求毁灭的意识，极度的疲惫。道德否定生命……为了完成这样的使命，我必须有一种自律：——反对我身上的一切病态的东西，包括瓦格纳，包括叔本华，包括整个现代"人性"。——对属于这个时代的、合时宜的一切，全然保持疏远、冷漠、清醒；而作为最高的愿望，我必须有一双查拉图斯特拉的眼睛，一双从极远处俯视人类万象的眼睛——并看透自己……为这样一个目的——何种牺牲、何种"自我克服"、何种"自我否定"会不值得？

我的最伟大经历是一种痊愈。瓦格纳纯粹是我的疾病。

对于这种疾病，我并非没有感激之心。当我在本文中坚持"瓦格纳是有害的"这个命题时，我并不想否认，尽管如此，它对于一种人却是不可或缺的——便是对于哲学家。没有瓦格纳，其他人或许也能生活得很好，但哲学家却不能随便缺少瓦格纳的。哲学家必须成为他那个时代的不安的良心，为此他必须具备他那个时代的最佳知识。在现代心灵的迷宫中，还有比瓦格纳更好的向导或更彻底有效的灵魂揭示者吗？通过瓦格纳，现代性说出了它最隐秘的语言：它既不隐瞒自己的善，也不隐瞒自己的恶，它抛弃了一切羞耻。反过来说，一旦弄清了瓦格纳的善与恶，就几乎可以估算出现代事物的全部价值。倘若今天有一位音乐家说"我讨厌瓦格纳，但我无法忍受其他音乐"，我对此完全理解。而倘若一位哲学家申明："瓦格纳是现代性的浓缩，没办法，人们必须首先成为瓦格纳信徒……"，那也是我可以理解的。

从深刻回归肤浅

一个人从这样的深渊、重病、多疑症中返回，重获新生，蜕了皮，比以前更敏感、更狡黠，对欢乐的鉴赏更精细、对美好事物的表达更微妙，有了更愉悦的性情，在快乐中又多了份天真，同时也更具稚气，比从前尖刻百倍。啊，我们现在对于享乐多么反感啊！反感那些享乐者、"有教养的人"，反感富翁和统治老爷们，对他们那种粗俗、愚昧的享乐多么厌恶啊！可是，那些"有教养的人"竟然把艺术、书籍、音乐当作"精神享受"！戏院里激情万丈的呐喊真使我们耳膜作痛啊！"有教养的人"喜爱的那一套浪漫的骚动，连同他们对崇高、风雅和乖戾的抱负，对我们的审美情趣而言是何等怪异啊！

不要这些！倘若我们疗养者还需要艺术，那必定是另一类艺术——一种嘲弄的、轻快的、空灵的、神圣而不受干扰的非凡的艺术，它像一把明亮的火焰，直冲万里碧空！

首先，它必须是艺术家的艺术，独属于艺术家的艺术！它

> 每一个不曾起舞的日子
> 都是对生命的辜负

首先要给人带来轻松愉快,朋友们,我指的是时时处处的轻松愉快!作为艺术家也是如此,我必须证明这一点。对于某些东西,我们知道得太多了,作为艺术家,我们要学会忘却,学会不谙世事!至于将来,我们不可能再像埃及的年轻人那样,大闹神庙,拥抱塑像柱,恨不得揭开一切出于正当理由被掩盖的东西。不,我们已经厌倦这种"不惜一切代价追求真理"的意志,厌恶了这种热爱真理的狂热。我们也曾过于认真、深沉,被烧灼得遍体鳞伤……

我们不再相信揭开面纱后的真理依然是真理;我们已有足够的阅历不再相信。现在,我们认为,既不要急于赤裸裸地看到一切,也不要急于参与一切,更不要急于理解和"知道"一切。"善良的上帝真的无处不在吗?"一个小女孩问她的母亲,"我认为这么问有失规矩。"这便是给哲学家的一个提示!人们应尊重羞愧心,大自然就是因为这羞愧心才将自己隐藏在谜团和杂乱无章的不确定性背后。也许真理是一个有理由又不愿表露自己理由的女人?也许她的名字在希腊文中叫"鲍波"?哦,那些希腊人!他们知道如何生活:为了生活,他们必须装作勇敢,崇拜虚假,相信形式、色调和语言,相信虚假的奥林匹斯山!他们浮在表面,从深处到表面!而我们不也恰好在重蹈覆辙吗?我们敢于攀登当代思想那无比危险的极巅,从这一点上环顾四周,俯视众生。我们不也恰好沦为希腊人了吗?沦为形式、音调和文字的崇拜者?正因为如此,我们还是艺术家吗?

为永恒的生成辩护

赫拉克利特走进那笼罩着阿那克西曼德的生成问题的神秘阴影之中,并用神圣的闪电照亮了它。他喊道:"我凝视着生成,还没有人如此仔细地凝视过事物的永恒波浪和节奏。我看到了什么?合规律性,可靠的准确性,始终如一的正确轨道,所有违法行为背后的天谴厄运,统治着整个世界的公正性,以及无处不在的服务于这种公正性的自然力。我看到的不是对被生成之物的惩罚,而是对生成的辩护。什么时候恶行和堕落会出现在牢不可破的形式和神圣可敬的法则中?非正义在哪里占上风,那里就有独裁、无序、紊乱、矛盾。而在法律,在宙斯的女儿狄刻独自统治的地方,就像这个世界这样,怎么会是罪过、赎罪和审判的领域,仿佛是处罚一切罪人的刑场一般?"

从这样的直觉中,赫拉克利特提出了两个相互关联的否定。只有同他的前辈学说进行比较,我们才能正确理解这两个否定。首先,他否定了阿那克西曼德有关世界二元性的假定,不再区分一个物质世界和一个形而上世界，一个确定性的领域与一个难以解释的不确定性领域。在迈出第一步之后，他进而做出了更为大胆的否定：他从根本上否定了存在。因为他保留的这个世界，在永恒的不成文法则的庇护下，以铿锵有力的节拍起伏消长，在任何地方都没有显示出持久性、不可毁灭性，任何阻遏激流的防波堤。赫拉克利特比阿那克西曼德更加响亮地宣告："除了生成之外，我什么也没看见。不要让你们自己受骗！如果你们相信在生成和消逝的海洋上看到了某块稳固的陆地，那么，它只是在你们仓促的目光中，而不是在事物的本质中。你们使用事物的名称，仿佛它们有一种执拗的持续性，但是，甚至你们第二次踏入的河流也不是第一次踏入的同一条了。"

　　赫拉克利特拥有非凡的直觉思维能力，这仿佛是他的王室财产。对于依靠概念和逻辑推理完成的另一种思维，即对于理性，他显得冷酷、麻木，甚至于敌对。而当他能够凭直觉获得真理，并用这样的真理对抗那种思维时，他似乎感到了一种快意。在诸如"一切事物始终在自身中包含对立面"这样的命题中，他就是这样做的。难怪亚里士多德要把理性法庭上的最大罪名加在他身上，谴责他违背矛盾律了。然而，直觉思维包括两个方面：第一是在一切经验中向我们迎面而来的五光十色、瞬息万变的当下世界；第二是使这个世界的任何经验成为可能的条件，即时间和空间。因为即使没有确定的内容，时间和空间也可以不依赖于任何经验，纯粹自在地通过直觉被感知。当赫拉克利特撇开一切经验，以这种方式考察时间时，他就拥有了属于直觉思维领域的一切事物中最具启发性的东西。比如说，叔本华也是像他那样认识时间的。他一再宣称：在时间中，每一个瞬间只有在消灭前一个瞬间，使自己再一次被消灭的情况下才会存在；过去和未来就像梦境一样虚幻，而现在只是两者之间没有维度和绵延的边界；但是，像时间一样，空间以及在时空中同时存在的一切，都只是相对的存在，都只是通过并为了另一个和它同类的东西而存在。这是一个最直接的、人人可以通达的真理，正因如此，也是一个凭概念和理性难以达到的真理。但是，谁若看到了这一真理，他就必然会得出赫拉克利特的结论，宣称现实的全部本质都只是作用而已，对它来说，不具备别种存在的方式。叔本华也是这样阐述的："物质只是作为作用填充空间和时间。它对于直接对象的作用乃是直观的前提，而在此直观中，唯有这一作用的存在。任何客体作用于另一个物质客体的结果，只有当后者以不同的方式作用于直接客体时，才能被认识，并且仅仅以此种方式存在。也就是说，物质的本质就是原因与结果。它的存在就是它的作用。可见,在德语中,把一切物质的总和称为现实性是再恰当不过的,这个词远比实在确切得多。现实性作用于其上的总是物质,也就是说,它的全部存在和本质只在合乎规律的变化之中(变化就在物质的一部分中产生出另一部分),因而完全是相对的,它依据的是一种只在其界线之内有效的关系,就像时间和空间一样。"

永恒的唯一的生成,一切现实事物的变动,它们只是不断地作用和生成,却并不存在,正如赫拉克利特教导的那样,这真是一种令人昏眩的可怕思想,其影响近似于一个人经历地震时的感觉,丧失了对稳固地面的依赖。把这种效果转化为它的对立面,转化为崇高和惊喜,这需要一种惊人的力量。赫拉克利特做到了这一点,其方法是观察生成和消逝的过程。他在两极性的形式中把握这个过程,即一种力量分化成两种异质的、对立的、力求重新统一的活动。一种质不断地把自己一分为二,分裂为它的对立面,而两个对立面又不断地追求重合。普通人以为自己看到了某种固定的、完成的和不变的东西,实际上在每一个瞬间,明与暗、苦与甜都是彼此纠缠、形影不离的,就像两个摔跤手,时而这一个,时而那一个占有优势。赫拉克利特认为,蜂蜜既是苦的,又是甜的,世界本身是一个需要不断搅拌的混合罐。一切生成都来自对立面的斗争。确定的、在我们看来似乎持久的质,仅仅表明斗争的一方暂时占了上风，但斗争并不因此而结束，它将永远持续下去。万物都依照这种斗争而产生，正是这种斗争揭示了永恒的正义。这是一个神奇的观念，来自最纯粹的希腊精神，它把斗争看作一种统一的、严格的、遵循永恒法则的正义的永久统治。只有希腊人才会把这个观念视为宇宙论的基础。它把赫西俄德笔下的厄里斯美化成世界原则，把希腊个人和希腊国家的竞赛观念从竞技场和体育场，从艺术竞技中，从政党和城邦间的较量中引申开来，转化为一种最普遍的思想，以致现在宇宙的齿轮都在这种斗争中旋转。每一个希腊人都充满自信地投入斗争，仿佛只有他才是正确的，在每一个瞬间，一种无限可靠的判决尺度决定着哪一方获胜。不同的质也是这样彼此斗争的，遵循着固有的法则和尺度。人和动物的有限理智所相信的事物本身的永恒性，其实根本就不存在，就像两剑相遇发出的闪光和火花，在对立的质的斗争中，它们只是胜利的光辉。

关于一切生成所固有的斗争，关于胜利的永恒交替，叔本华又作如此描述："永恒的物质必须不断改变自己的形式，其方式是在因果关系的引导下，机械的、物理的、化学、有机的现象都贪婪地挤向前台，它们相互争夺物质，因为每种现象都渴望表现自己的理念。这种斗争遍布整个自然界，甚至可以说，自然只有通过这种斗争才能存在。"接下来的几页对这种斗争作了一些值得注意的说明，只不过叙述的基调不同于赫拉克利特，因为在叔本华看来，斗争是意志的自我分裂，是这黑暗阴郁的冲动的自耗，是一种可怕的现象。这种斗争的战场和对象是物质，自然力量互相掠夺物质，就像空间和时间一样，物质正是时间和空间通过因果关系实现的统一。

崇高的人们

我的海底是平静的,谁能想象到它藏有诙谐的怪物!

我的深处波澜不惊,但它因漂游的谜和大笑而闪烁。

今天,我看到一个崇高的人,一个庄严的人,一个精神的忏悔者:啊,我的灵魂是怎样因他的丑陋而发笑!

他挺起胸膛,像进行深呼吸的人:他就这样站在那儿,这个崇高的人,默然不语。

他身上挂满了丑陋的真相、狩猎的战利品和破烂的衣服;他身上也布满了刺,但我没有看到一朵玫瑰。

他还没有学会笑和美。这位猎人阴郁地从知识之林归来。

他与野兽搏斗之后回到家中:但从他的严肃神情上,也还透出一只野兽的模样——一只未被战胜的野兽。

他依然像一只欲暴跳的老虎站在那里;可我不喜欢这种紧张的灵魂,我的趣味也对所有这些退却者怀有敌意。

朋友们,你们告诉我,别去争论什么趣味和口味?可一切生命就是围绕着趣味和口味的争论!

趣味:它既是重量,也是天平和衡量者;多么不幸啊,每个人都希望在没有重量、天平和权衡的争论中生活!

这个崇高的人,如果他对他的崇高感到厌倦,那时,他的美才会开始,那时,我才会中意他,觉得他合口味。

只有在他背弃自己时,他才能跳出自己的影子——真的!并且跳入他的太阳之中。

他在阴影里坐得太久了,这个精神的忏悔者,面颊苍白;他几乎在他的期待中饿死了。

他的眼里依然含着蔑视;他的嘴里藏着厌恶。虽然他现在休息了,但他还不是休憩在阳光下。

他应当像公牛一样行动;他的幸福应该有泥土的气息,而不是对大地的蔑视。

我愿看到他像白色的公牛,喷着鼻息,哞哞吼叫,拉着犁头前进:它的吼叫也应该赞美世间的一切!

他的脸色仍然阴沉;手的影子遮住了它。他的眼神仍然暗淡。

他的行为仍是他身上的阴影:手遮蔽了行动者。他还没有克服他的行为。

我确实喜欢他的公牛的颈背,但我想看到天使的眼睛。

他还必须忘却自己的英雄意志。他应当是一个高贵的人,而不只是一个崇高的人。

他曾制伏过怪物,他曾解开了谜团:然而他也应当解救自己的怪物和谜团,他还应当把它们变成天国的孩子。

他还没有学会微笑,还没有丢掉嫉妒;他涌动的热情还没有在美之中变得宁静。

诚然,他的渴望不应在饱食中沉默和隐匿,而是要在美中!优美属于宽宏大量的胸怀。

把手臂放在头上:英雄应当如此休息,也应当如此克服自己的休息。

但恰恰对英雄来说,美是最难的事情。所有强烈的意志都不可获得美。

差之毫厘,在这里便是失之千里。

放松肌肉,卸下意志的套具:崇高的人们,这对你们所有人来说都是最难的!

当强力变得仁慈,并且下降为可见之物:我把这样一种下降叫作美。

强力者啊,我对你要求这种美,而不是向其他任何人:让善良成为你最后的自我征服。

我相信你能做一切的恶：因此我希望你为善。

确实，我时常笑那些弱者，他们因为跛足而自以为善！

你应当追求柱石的美德，它越是高耸，就越是美丽、雅致，但内部也越是坚硬、负重。

是的，崇高的人，有一天你也会变得美丽，并拿起镜子照看自己的美。

那时，你的灵魂将由于神圣的欲望而战栗，甚至在你的虚荣中也将有一种崇拜！

因为这就是灵魂的秘密：唯当英雄离弃了灵魂，方能在梦中接近灵魂，——那超英雄。

创造者之路

我的弟兄,你要走进孤独之中吗?你要寻找属于你自己的路吗?请稍等片刻,听我一言。

"寻找的人容易迷失。一切孤独皆是罪过":群众如此说。而你久已归于群众了。

群众的声音仍在你心中回荡。当你说"我不再和你们共有同一个良心"时,那将是一种哀怨和痛苦。

看哪,这种痛苦还是由那同一种良心产生的:而这种良心的最后闪光依然在你的哀伤之上熠熠生辉。

然而,你愿走你的悲伤之路,那通向你自己的路吗?那么请向我展示你的权利和你这方面的力量!

你是一种新的力量和一种新的权利吗?一种原初的运动?一个自转的轮子?你也能迫使星球围绕着你转动吗?

啊,有如此多好高骛远的欲念!有如此多虚荣之徒的痉挛!请向我证明你不是一个贪欲者和虚荣者!

啊！有如此多伟大的思想，它们无异于一个风箱：越是充气，越显得空虚。

你把自己称为自由吗？我想听到的你支配性的思想，而不是听你说摆脱了枷锁。

你是一个可以摆脱枷锁的人吗？有的人，在他抛弃服从的义务时，也就抛掉了他最后的价值。

哪方面的自由？这与查拉图斯特拉有什么关系？可是，你的眼睛应当清楚地告诉我：为何而自由？

你能够把你的恶和你的善赋予自己，把你的意志高悬于自身之上，犹如一种律法？你能够成为自己的法官，做你自定法律的复仇者吗？

作为你自定的法律的法官和复仇者，单独索居，这是可怕的。这就像把一颗星抛到荒凉的空间里，孤寂的冰冷呼吸中。

如今，你孑然一身，还在因许多人而受苦；今天，你仍然勇气不减，希望不灭。

但总有一天，孤独会让你疲惫；总有一天，你的高傲将蜷缩，你的勇气将畏缩。总有一天你会哭喊："我是孤独的！"

总有一天，你会不再看到你的高贵之处，却十分亲近你的卑贱之处；你的崇高将像幽灵一样使你害怕。总有一天，你会喊道:"一切都是虚假的!"

有些感情想要杀死孤独的人;如果它们没有成功,那么它们自己就必须死去!可是你有能力做一个杀手吗?

我的兄弟,你了解"蔑视"这个词吗?你知道对蔑视你的人也公正相待的痛苦吗?

你迫使许多人改变对你的看法;他们为此对你大为不满。你走进他们,但却擦肩而过:对此他们永远不会原谅你。

你超越了他们:可是你升得越高,嫉妒的眼睛就把你看得越小。然而,最遭嫉恨的还是飞翔者。

"你们怎会愿意对我公正呢!"你必定会说,"我替自己选择了你们的不公正作为我应得的部分。"

你们向孤独者投以不公和污秽。可是我的兄弟,倘若你想做一颗星,你就不能因此少照耀他们!

提防正人君子!他们喜欢把那些创造自己的道德的人钉上十字架——他们憎恨孤独者。

也要提防那种"神圣的单纯"!对它来说,一切不单纯的,都是不神圣的;它也喜欢玩火——处置异端的火刑。

还有,小心提防你的爱的发作!孤独者会太快地把手伸向他遇见的人。

对有些人你不可伸出手,只可伸出巴掌,而且我希望,你的巴掌还长有利爪。

然而,你所能遇到的最可怕的敌人,就是你自己;你躲在洞穴和森林里暗中守候着自己。

孤独者啊,你走着通往你自己的道路!而你的道路要经过你自己和你那七个魔鬼!

你对于你自己,将是异教徒、巫师、占卜者、傻瓜、怀疑者、不圣洁者、恶棍。

你必须做好准备,在自己的火焰中燃烧自己;如果你没有先变成灰烬,又怎么会焕然一新呢?

孤独者啊,你走的是创造者的路:你要从你的七个魔鬼中为自己创造一个神!

孤独者,你走的是爱人的路:你爱你自己,因此蔑视你自己,正如唯有爱者才蔑视。

热爱者因为蔑视,而想要创造!那不必蔑视自己所爱之物的人,关于爱能懂得什么!

我的弟兄,带着你的爱和你的创造力走进你的孤独吧;而正义以后才会一瘸一拐地跟上你。

我的弟兄,带着我的眼泪走进你的孤独吧。我爱那愿意超越自己而创造,并因此毁灭的人。

超人和末人

1

查拉图斯特拉三十岁时,离开他的故乡和故乡的湖,来到山中。他在那里享受自己的精神和孤独,十年来从未厌倦。可是最后,他的心情变了,——一天早晨,他迎着玫瑰色的曙光起床,走到太阳面前,对它说:

"你,伟大的星球啊!倘若没有那些被你照耀的人们,你的幸福又会是什么啊!

"十年来,你在这里升起,照临我的洞穴,要是没有我,没有我的鹰和我的蛇,你想必已经厌倦了你的光和你的路了吧。

"而我们每天早晨都期待着你,领受你的光辉,并为此向你祝福。

"看哪!我对自己的智慧感到厌倦,就像蜜蜂采蜜太多;我需要有人伸手来接取智慧。

"我想要赠送和分发,直到人间的智者又一次快意于他的愚蠢,贫者又一次快意于他的富足。

"为此我必须下降到深处,就像你在傍晚时分沉入海面,又给那一边的世界带去光明,你这灿烂的星球!我必须像你一样下山,就像人们所说的那样。

"那么,祝福我吧,你这宁静的眼睛,即使看到最大的幸福也不会嫉妒!

"祝福这只即将溢出的杯子吧,让金浆从中流出,把你幸福的余晖洒向四方!

"看啊!这只杯子又要空了,查拉图斯特拉又要变成人了。"

——于是查拉图斯特拉开始下山了。

2

查拉图斯特拉独自下山,没有碰到任何人。然而,当他走进森林时,有一位白发老者突然出现在他的面前,这位老人离开了自己神圣的茅舍,到森林里寻找树根。老人这样对查拉图斯特拉说:

"这位行人很面熟:好多年前,他经过此处。他叫查拉图斯特拉,但他已经变了样子。

"当时你带着灰烬上山,今天你要把你的火带入山谷吗?你难道不知道纵火犯的惩罚吗?"

"是的,我认得查拉图斯特拉。他的眼睛是纯净的,他的嘴角没有一丝厌恶。他不是像一位舞者那样行走吗?"

"查拉图斯特拉已经变了;查拉图斯特拉变成了一个孩子;查拉图斯特拉是一个觉醒者:你要在沉睡者的国度里做些什么呢?"

"从前你生活在孤独中,如同生活在大海上,海水承载过你。啊,你现在要上岸吗?啊,你又要拖曳你的身体行走吗?"

查拉图斯特拉回答道:"我爱人类。"

圣人说:"我为什么走进密林和荒野?不正是因为我曾经太爱人类了吗?

"现在我不爱人类了。人对我来说太不完美了。对人类的爱会要了我的命。"

查拉图斯特拉回答道:"我怎么说起爱来!我要带给人类的是一件礼物!"

"什么也不要给他们",圣人说,"你宁可取走他们一点负担,与他们一起担着——这对于他们是最好的:只要你乐于这样做!

"然而,如果你要给他们,最多给一点施舍吧,让他们也去乞讨吧!"

"不,"查拉图斯特拉回答,"我不施舍。要行施舍,我还不够贫穷呢。"

圣人笑着对查拉图斯特拉说:"那就看他们来接受你的宝物吧!他们不相信隐者,也不相信我们是带着礼物来的。

"我们走过街道的脚步声,在他们听来,实在太孤寂了。就像在夜间,离日出还有好久,他们躺在床上听见有人走路,便会自问道:这个小偷要去哪里啊?

"不要到人群去,待在森林里吧!宁可去禽兽那里!为什么不愿意跟我一样呢——做群熊中一头熊,鸟群中一只鸟?"

查拉图斯特拉问道:"圣人在森林里做些什么呢?"

圣人回答:"我自编自唱,当我编歌时,我欢笑、哭泣、喃喃自语。

"我以歌唱、哭泣、欢笑和喃喃自语来赞美。但你给我们带来了什么礼物呢?"

查拉图斯特拉听了这话,对圣人施了一礼,说道:"我能给你们什么呢!倒是快让我走吧,免得我从你们这里拿走什么!"——他们就这样告别了,这位老人和这位行者,大笑着,笑得像两个孩童。

然而，当查拉图斯特拉独自一人时，他对自己说："这可能吗？"

3

当查拉图斯特拉来到森林旁的最近一个城市时，发现许多人聚集在广场上，因为有人宣布，一个走钢丝的艺人将在这里表演。查拉图斯特拉对人们说：

"我教你们何谓超人：人是应被超越的某种东西。你们为了超越自己，做了些什么呢？

迄今为止，一切生物都创造了超越自身的东西，而你们却想成为这股大潮的退潮者，情愿倒退为动物而不愿超越人的本身吗？

对人类来说，猿猴是什么？一个笑柄或者一种痛苦的耻辱。而对超人来说，人也应当是这样：一个笑柄或者一种痛苦的耻辱。

你们从虫子变成了人，你们内心中有许多还是虫。你们曾经是猿，可是即使现在，人仍比任何一只猿猴更像猿猴。

即使是你们中最聪明的人，也不过是植物和妖怪的分裂体和混种。可是难道是我叫你们变成植物或妖怪吗？

看哪，我教你们做超人。

超人是大地的意义。让你们的意志说：超人是大地的意义！

我恳求你们，我的弟兄们，忠实于大地吧，不要相信向你们宣说出世希望的人！不管他们知道与否，他们都是下毒者。

他们是生命的蔑视者，是垂死者和中毒者，大地已经厌倦了他们，但愿他们快快灭亡！

曾经，亵渎上帝是最大的亵渎；但上帝死了，那些亵渎者也随之死去。现在，亵渎大地是最可怕的罪过，将不可知之心置于大地的意义之上！

灵魂曾一度蔑视肉体，而这种蔑视是至高无上的：灵魂想要肉体变得瘦弱、丑陋、饥饿。这样灵魂就以为可以摆脱肉体和大地。

啊，这种灵魂本身还更瘦弱、丑陋、饥饿：作残酷行为乃是这种灵魂的快乐。

我的弟兄们，请你们告诉我：你们的肉体怎么说你们的灵魂呢？难道你们的灵魂不是贫乏、肮脏和可怜的安逸吗？

的确，人是一条肮脏的河流。人们必须成为大海，方能容纳不洁的河流而不致污浊。

看，我教你们做超人：他就是大海，你们的极大的轻蔑会沉没在这种大海里。

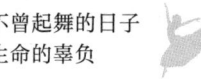

你们所能经历的最伟大的事情是什么？那就是极度蔑视的时刻。在这个时刻，你们的幸福变得令人厌恶，你们的理智和美德也变得令人厌恶。"

当你们说："我的幸福有什么用？它是贫乏、肮脏和可怜的安逸。但我的幸福应该证明存在本身的合理性！"

当你们说："我的理性有什么用？它渴望知识，就像狮子渴望食物一样吗？它是贫乏、肮脏和可怜的安逸！"

当你们说："我的美德有什么用？它还没有让我激情澎湃。我是多么厌倦我的善和我的恶！这一切都是贫乏、肮脏和可怜的安逸！"

当你们说："我的正义有什么用？我不认为我会成为火焰和煤炭。然而，正义就是火焰和煤炭！"

当你们说："我的怜悯有什么用？难道怜悯不是爱人类的人被钉在十字架上吗？但我的怜悯不是钉在十字架上"。

你们曾这样说过吗？你们可曾这样哭过？啊！要是我听到过你们这样哭就好了！

不是你的罪，而是你们的自我满足，你们罪恶中的贪心在向天堂呐喊！

可是那用舌头舔你们的闪电在哪里？那必定灌输到你们身上

的疯狂在哪里?

看,我教你们做超人:他就是那闪电,他就是那疯狂!

查拉图斯特拉说完后有人喊道:"我们已经听够了走钢丝者的故事,是时候让我们看看他了。"所有的人都嘲笑查拉图斯特拉。而那个走钢丝者以为这些话是对他说的,于是开始了他的表演。

4

然而,查拉图斯特拉看着这些人,感到很奇怪。然后他这样说道:

人是一根绳索,系在动物与超人之间,——一根悬在深渊之上的绳索。

一种危险的穿越,一种危险的路途,一种危险的回顾,一种危险的战栗和停留。

人的伟大之处在于,他是桥梁而不是目的;人的可爱之处在于,他是过渡和没落。

我爱那些不知道如何生活的人,假如他们不是没落者,那他们就是超越者。

我爱那些伟大的轻蔑者,因为他们是伟大的崇敬者,是渴望着彼岸的箭矢。

我爱那些人们,他们不是到星星背后去寻找没落和牺牲的理由,而是为大地而牺牲,使大地有朝一日能归属于超人。

我爱那些人们,他活着是为了求知,他要求认识是为了让超人有朝一日会出现:因为他自愿没落。

我爱那些人们,他辛勤劳动和发明,为超人建造房屋,为超人准备大地、动物和植物:因为他自愿没落。

我爱那些人们,他热爱自己的德行:因为道德就是甘于没落的意志,一支渴望的箭矢。

我爱那些人们,他不为自己保留一点儿精神,而想要完全成为他的德行的精神:他就这样作为精神跨越桥梁。

我爱那些人们,他把自己的道德变为自己的偏爱和自己的宿命:因此他甘愿为自己的道德生存或死灭。

我爱那些人们,他不愿拥有太多的德行。一种德行胜于两种德行,因为它更是连接厄运的纽带。

我爱那些人们,他挥霍自己的灵魂,不愿意接受感谢,也不给人报答:因为他总是赠予,而不想为自己留存什么。

我爱那些人们,当骰子落下,给他带来幸运时,他倒感到羞愧,并且自问是不是作弊的赌徒?——因为他自甘灭亡。

我爱那些人们,他在行动之前先抛出金言,他所履行的,总超过他所许诺的：因为他自愿没落。

我爱那些人们，他肯定未来的人们，拯救过去的人们：因为他甘愿毁灭于当前的人们。

我爱那些人们，他由于挚爱自己的上帝而惩罚上帝：因为它必定要毁灭于上帝之怒。

我爱那些人们，即便在受伤时，他的灵魂也是深邃的，而且他可能毁灭于一个小小的冒险事件：他就这样喜欢跨越桥梁。

我爱那些人们，他的灵魂过于充实，因此忘掉了自己，而万物皆在他心中：因此一切事物都成为他的没落的机缘。

我爱那些人们，他有自由的精神和自由的心灵：因此他的头脑只不过是他的心灵的内脏，而他的心灵却驱使他走向没落。

我爱那些人们，他们犹如沉重的雨点，从高悬在世人上空的乌云种滴落下来：它们宣告闪电将临，然后作为宣告者毁灭。

瞧啊，我是闪电的宣告者，是云中落下的一滴沉重的雨点：而这闪电就叫作超人。

5

查拉图斯特拉说完这些话后，再次看着人们，沉默不语。"他们站在那里，"他对自己的心说，"他们在那里大笑；他们听不懂我的话；我的嘴对不上他们的耳朵。

"难道先要扯碎他们的耳朵，让他们学会用眼睛听吗？难道必须像敲铜鼓和劝人忏悔的布道者那样大声喧嚷吗？还是他们只相信口吃者的说话？

他们有某种可骄傲的东西。那种使他们骄傲的，他们把它叫做什么？他们称之为'教养'，这种东西使他们有别于牧羊人。

因此，他们不喜欢听到对自己的'蔑视'。于是，我将利用他们的自尊心。

我要对他们说最该轻蔑的人：那就是末人。"

查拉图斯特拉这样对人们说。

现在是人类确定目标的时候了。是人们栽培他最高希望的萌芽的时候了。

他的土壤还是足够肥沃的。但这块土壤终有一天会贫瘠枯竭，再也长不出参天大树。

啊！这样的时刻到了，人类再也不能射出他那渴望超越自己的飞箭，他的弓弦也忘记怎样发出响声。

我告诉你们：一个人体内必须还有混沌，才能孕育出一颗飞舞的星球。我告诉你们：你们身上还有一种混沌。

啊！这样的时刻到了，人们再也不能孕育任何星球。啊！这样的时刻到了,最可轻蔑的人再也不能轻蔑自己。

瞧!我要向你们指出那末人。

"什么是爱?什么是创造?什么是渴望?什么是星球?"末人这样问道,然后眨了眨眼睛。

这时,大地变小了,使一切变小的末人就在上面跳跃。他的种族像跳蚤一样不可灭绝;末人活得最长。

"我们发现了幸福"——末人这样说,然后眨了眨眼睛。

他们离开了难以生存的地区;因为他们需要温暖。人们还爱着邻人,与邻人相摩擦;因为他们需要温暖。

他们把生病和怀疑视为罪恶:人们小心翼翼地走过来。

偶尔吃一点点毒药:这将给人带来舒服的梦。最后吃大量毒药,可导致舒服的死亡。

他们还在工作,因为工作就是一种消遣。可是他们很当心,不让消遣伤害身体。

他们不再贫穷,也不再富有:两者都太辛苦了。谁还愿意统治?谁还愿意服从?两者都太辛苦了

没有牧人而,只有一个牧群!人人都想要平等,人人都平等:有其他想法的人,就得自愿进入疯人院。

"以前全世界都是疯子。"最精明的人这样说,然后眨了眨

眼睛。

他们很聪明,知道发生的一切;所以他们没完没了地嘲弄。人们还是会争吵,但很快又和好——不然这是要坏了肠胃的。

他们白天有白天的小快乐,夜晚有夜晚的小乐趣:但人们注重健康。

"我们发现了幸福。"末人这样说,然后眨了眨眼睛。

查拉图斯特拉的第一次演讲到此结束,这次演讲也被称为"开场白":因为说到此处时,群众的叫喊和欢乐打断了他。"查拉图斯特拉啊,把这个末人给我们吧",他们叫喊起来,"使我们成为末人!我们就把超人送给你!"所有的人都欢呼雀跃,发出啧啧咂舌的声音。可是查拉图斯特拉却感到悲伤,他对自己的心说道:

"他们听不懂我的话:我的嘴对不上他们的耳朵。

"也许我在山上住得太久,溪流声和树声听得太多了:现在我对他们说话,就像对牧羊人说话一样了。

"我的灵魂平静而清明,就像清晨的群山。但他们却认为我冷酷无情,是个爱开玩笑的人。

"现在他们看着我笑:他们笑的时候也恨我。他们的笑声是冰冷的。"

CHAPTER 7

对待生命,你不妨大胆一点

哲学的使命是解释生命的意义 • 哲学家与时代的紧张关系
哲学与文化 • 论哲学家的偏见 • 健康与哲学的关系
现代的世俗化潮流 • 现代性和现代思潮批判

哲学的使命是解释生命的意义

　　这是笼罩于叔本华的生长过程的第一种危险：孤独。第二种是：对真理的绝望。每一个从康德哲学出发的思想家都有可能遇到这种情况，只要他的忧伤和欲望是强烈而真诚的。现在我们都很明白，只有极少数人受到康德如此重要的影响。虽然我们频频读到，据说自这位沉静的学者发难以来，在一切精神领域都爆发了革命；但是我并不相信这一点。因为在任何"思想领域"发生革命之前，人本身也需要革命，但在这些人身上我看不出任何迹象。事实上，一旦康德开始发生广泛的影响，我们只能在一种具有腐蚀和瓦解作用的怀疑主义和相对主义的形式中有所觉察。而那些最活泼也是最高贵的心灵，因为不堪忍受怀疑，在他们身上取代怀疑的便会是那种对真理本身的绝望，正如克莱斯特感受的那样。不久前，他曾以凄婉的方式写道："最近我认识了康德哲学；我要向你们传达一种思想，并不担心它会使你们受到如此深刻而痛苦的震撼，一如我受到的那样。——我们无法断定，我们名之为真理的东西究竟真的是真理抑或是我们觉得如此罢了。倘若是后者，那我们此生积累的真理在死后便荡然无存了。如果这个思想没有刺伤你的心，那么请不要嘲笑被它刺伤的那个人。我的唯一目标、我的最高目标消失了，我一无所有了。"是的，何时人们才能像克莱斯特那样深切地感受到哲学的意义呢？而这是极其必要的，如此便能评价，叔本华对我们的意义。他是继康德之后，第一位带领我们走出怀疑与不满的人；他能够站在整幅生命画卷的面前，向我们诠释它的完整意义，这便是他的伟大之处；而那些所谓的聪明人，却不能摆脱一种谬见，以为只要详尽地研究画这幅画所用的颜色和材料，就已经在接近对画意的解释了。或许他们也承认，画布的质地非常复杂，色彩的化学成分无法发现。为了理解一幅画，必须对画家有所了解，叔本华知道这一点。但现在，整个学术界都在致力于理解色彩和画布，而不是理解画作本身；的确可以说，一个人唯有统观生命和存在的整体画面，才能利用具体科学而不受其害；因为如果没有这种普遍的观点作为准则，它们就仅是一些不能引导我们到达终点的线条，只会使我们的生命历程越发混乱。

在这里，我们看到了叔本华的伟大之处，如我所说，他追踪每一幅画卷，一如哈姆雷特追踪幽灵，不像学者那样舍本求末，也不像狂热的辩证家那样沉湎于概念的经院哲学。对一切冒牌哲学家的研究之所以有趣,只是因为借此可以看到,他们深陷在赞同和反对,怀疑和辩驳中无法自拔。在那里,他们违背了每种伟大哲学的要求:在生命画卷的全貌中,了解自己生命的意义,抑或是通过阅读自己的生命,反观普遍生命的意义。对叔本华的哲学也应该以这种方式来理解:作为一种个人主义哲学,他单从个人的本性出发,洞察个人的苦难、需求和局限,并找出能够抚慰这些苦难、需求和局限的方法,即牺牲自我,让自我服从于更崇高的目的,尤其是正义和仁慈的目的。他教导我们在对人类幸福的真实促进与虚假促进之间做出区分:不论财富、名声还是学问都不能使个人摆脱对人生无价值的深深烦恼,对这些事物的追求只有通过一个高尚的总体目标才有意义,即获得力量,通过它们来帮助我们的肉体本性,并尽可能地纠正它的愚蠢和笨拙。首先,只为自己;最后,通过自己,为所有人。当然,这一努力骨子里是导向听天由命的:因为归根到底,无论在个人还是在人类,有什么东西、又在多大程度上还能被改善呢!

当我们把这些话用在叔本华身上时,我们就接触了第三个和最独特的危险,他生活在这危险中,而且这危险就隐藏在他的本质的整体结构和骨架中。每个人都常常会发现自己的局限性,无论是在他的天赋还是他的道德意愿方面,而这局限性使他充满渴望和忧伤。

我们越是深思上述三种危险,便越是惊奇:叔本华以何等充沛的精力抵御了它们。诚然,他也带着许多伤疤和未愈合的伤口;而且有一种也许显得有点过于生硬、有时也过于好斗的情绪。但他的理想甚至超过了最伟大的人。尽管有这么多伤疤和瑕疵,叔本华仍是人类的楷模,这是确定无疑的。我们甚至可以说:正是他身上那种不完美和"过于人性"的东西,使我们更接近他这个人,因为我们看到的是一个苦难的亲历者,而不仅仅是一个高不可攀的天才。

威胁叔本华的这三种危险,同样也威胁着我们所有人。我们每个人都带有一种创造的唯一性,作为他的本质的内核;而一旦他意识到这种唯一性,他的四周就会呈现一种非凡者特有的奇异光环。对于大多数人来说,这是难以忍受的,因为如我所说,他们是懒惰的,而这种唯一性给他们带来了一连串的烦恼和负担。毫无疑问,对于背负着这沉重枷锁的人来说,生活几乎失去了年轻时渴望得到的一切,包括快乐、安全、轻松、名声等等;孤独的命运便是周围人们给他的赠礼;无论他在哪里生活,四周就会立刻出现荒漠和洞穴。他必须注意,切勿因此而屈服,变得愁眉苦脸、意志消沉。因此，他可能用优秀的和勇敢的斗士的形象来改变自己，就像叔本华那样。

威胁叔本华的第二种危险也并不罕见。有时，一个人天生具有敏锐的目光，他的思想乐意走辩证的双重道路；如果他不慎失去了对自己天赋的控制，那么就很容易毁掉自己的人性，几乎只在"纯粹的科学"中过着幽灵般的生活；或者由于不断搜寻支持和反对的证据，他可能会从根本上怀疑真理，失去勇气和信心，总是在怀疑、否定和不满之中："即使一条狗也不愿意这样生活下去！"

第三种危险是道德或思想上的僵化；一个人扯断了联结自己与理想的纽带；他在相应的领域内不再成长和收获，他在文化的意义上变得贫弱或无用。他的本质的唯一性变成了一个不可分割、不可传达的原子，一块冰冷的石头。一个人既可能毁于这种唯一性，也可能毁于对这唯一性的畏惧；既可能毁于自我，也可能毁于自我的放弃；既可能毁于渴望，也可能毁于僵化。说到底，活着就意味着冒险。

哲学家与时代的紧张关系

除了因叔本华的独特气质而导致的这些危险外，他所处的时代也产生了一些危险；区分气质危险和时代危险是很重要的，因为所有伟大思想家的真正使命就是重新确立价值。这曾经是一切伟大的思想家的独特工作：成为尺度、钱币和事物的重量的立法者。如果他最初看到的人性恰恰是一种孱弱的人性和被蛆虫啃咬了的果实的话，那么他的任务就会受到阻碍。如果说研究先辈或异族的历史很有价值，那么对哲学家就尤其如此，他要对整个人类命运给出一个公正的判断，不仅仅是平均的命运，而是个人或整个民族可能获得的最高的命运。但现在，种种事物近在眼前，影响支配着我们，哪怕违背了哲学家的意愿，在算总账的时候，它们也被不由自主地高估了。所以哲学家必须在与别的时代的区别中估价他的时代，同时，也必须在他所描绘的生活画卷中克服当代性。这是一项艰巨的、几乎不可能完成的任务。古希腊哲学家对存在价值的判断比现代人的判断更有意义，因为他们看见的是生活的全貌，不像我们迷失在对生活的自由、美和伟大的愿望以及对真理的欲望的分裂中；这种真理只问一个问题："存在究竟有什么价值？"恩培多克勒生活在希腊文化生命力最旺盛充溢的时代；他的判断非常有分量，特别是没有某一个出自同一个伟大时代的其他伟大哲学家的任何一个判断与它相悖。他说得极为清晰，实际上，如果有人仔细倾听，他们都会说同样的话。现代思想家总是因一个愿望未实现而痛苦；他在寻找真正的、血红的、健康的生命，以便对它做出评判。无论如何，他都认为，必须先成为一个活生生的人，然后才相信自己有公正评判的能力。这就是为什么现代哲学家会成为生命或求生命意志最积极的支持者，以及为什么他们从自己疲乏的时代出发而向往一种文化、向往一种神化了的自然的原因。然而，这种渴望也是他们的危险：在渴望中，生活的改革者和哲学家亦即生活的法官在战斗。无论谁胜谁负，都意味着失败。叔本华是如何摆脱这种危险的呢？

我们喜欢把伟人看作是时代的真正的产儿，他比普通人更强烈、更深切地感受到这个时代的缺陷。因此，伟人与他所处时代的斗争，表面看来不过是一场与自己的生死搏斗。不过，这只是表面上的，因为在时代之中，他反对的是妨碍他使他不能伟大的东西，对他来说，成其伟大也就是自由地、完全地成为他自己。因此，从根本上说，他只是与那些并不真正属于他的东西为敌。事实证明，所谓"时代的产儿"，不过是时代的继子。叔本华从少年时代起就与他的时代——一个对他来说虚假而不称职的母亲——抗争。仿佛驱逐了她，他的生命就能恢复其本有的健康和纯洁。所以我们可以把他的著作当作时代的镜子；倘若镜子里的人显现为一种病态的扭曲：面色苍白，身体瘦弱，神情疲惫，目光空洞，那绝不是镜子的错，而是继子的悲哀显现了出来。在他身上，对自然力量的渴望，对健康淳朴人性的渴望，也就是对自身的渴望：一旦他战胜了时代，他就必定在自己身上发现了天才。此时此刻，他的本性的秘密都被揭开了，时代想隐藏他的这种天才的意图被挫败了。现在，他可以无所畏惧地思考"生命的真正价值是什么"，而不必再去谴责一个混乱的和苍白无力的时代及其虚伪的不清晰的生活了。他清楚地知道，在这个世界上能够找到并且实现更高尚纯洁的生活。

哲学与文化

在做了这番考察之后，如果我把柏拉图以前的哲学家看作一个统一的群体，并在这本著作中专门论述他们，这应当很容易被接受。

柏拉图开启了某种全新的东西；或者也可以说，与从泰勒斯到苏格拉底的天才共和国相比，柏拉图以来的哲学家缺少了某种本质性的东西。

不管是谁，如果他在表达自己对那些古代大师的看法时心怀妒意，都可以说他们是片面的人，而以柏拉图为首的追随者则被称为全面的人。不过，把后者理解为哲学的混合性格，把前者理解为纯粹的典型，也许更加准确和公正。柏拉图本人是第一个杰出的混合性格，无论是在他的哲学中，还是在他的个性中，这一点都得到了体现。在他的意识形态中，融合了苏格拉底、毕达哥拉斯和赫拉克利特的元素，因此它不是一个典型的、纯粹的现象。作为一个人，柏拉图也混合了这三个人的特征：兼有赫拉克利特帝王式的孤傲知足,毕达哥拉斯抑郁的同情之心和立法嗜好,辩证法大师苏格拉底的洞悉人心。后来所有的哲学家都是这样的混合性格;犬儒学派就是一个例子,他们身上即使出现某种片面的东西,它也不是一个类型。然而,更重要的是,他们是宗派的创立者,他们创立的所有宗派都与希腊文化及其迄今为止的统一风格相对立。他们以自己的方式寻求拯救,但拯救的对象仅限于个人,或者最多只是为了关系密切的朋友和门徒。古代哲学家们的活动倾向于整体的康复和净化,尽管他们并没有意识到这一点。希腊文化的强大进程是不可阻挡的,前进道路上的可怕危险必须加以清除,哲学家为此守护和保卫者自己的家园。而柏拉图以后,哲学家却处于流放状态,背离了自己的祖国。

那些古代哲学大师的作品流传下来的太少了,所有完整性的东西都已遗失,这真是一种不幸。由于这种遗失,我们不由自主地用错误的标准来衡量他们。柏拉图和亚里士多德从不缺乏评价者和记录者,这样一个纯属偶然的事实使我们先入为主地冷落了他们的前辈。有些人认为书籍自有它的命数,但是如果它认为最好从我们手中夺走赫拉克利特、恩培多克勒的美妙诗篇以及德谟克利特的著作(古代人把他与柏拉图相提并论,甚至认为他在创造力方面还要高出柏拉图一筹),而作为替代,却把斯多葛派、伊壁鸠鲁派和西塞罗塞给我们,那么这种命运一定是充满恶意的。我们可能失去了希腊思想及其文字表达的最精彩部分,这是一种命运。我们只要记起埃里金纳或者帕斯卡的不幸,只要想一想甚至在开明的世纪,叔本华的《作为意志和表象的世界》第一版也不得不变成一堆废纸,对这种命运就不会感到惊讶了。如果有人想为这类事情设定一种特殊的宿命力量,那么他可以这样做,并且像歌德那样说:"任何人都不要抱怨卑鄙和下流,因为在这世上只有卑鄙和下流才是威力无比的。"尤其它们比真理的力量更强大。人类难得写出一本好书,其中大胆而自由地唱响真理的战歌和哲学的英雄主义之歌;然而,这本书是流芳百世,还是化作泥土,往往取决于微不足道的机遇,取决于一时的头脑发昏,取决于迷信和反感,最后,还取决于那些负责抄写的手指,甚至取决于蛀虫和雨天。然而,与其悲叹,不如听一听哈曼对那些为著作遗失而悲叹的学者们所说的搪塞安慰之语:"对于用扁豆穿针眼的艺术家来说,为了达到熟练性,一堆扁豆还不够吗?这个问题可以向所有学者提出,他们在古代著作的使用方面,并不比那个使用扁豆的艺术家来得高明。"我们还可以补充说,我们需要的并不超过流传下来的文字、轶事、年代,我们甚至只需要少得多的材料就能确证希腊人曾为哲学辩护这一普遍学说了。

一个时代，如果它饱受所谓普及教育之苦，却没有文化，没有统一的风格，那么它就根本不会懂得如何正确地处理哲学。在这样一个时代，哲学只能是孤独的散步者的学术自白，是个别人的侥幸的战利品，是不许别人入内的密室，或者是老态龙钟的学者与孩童之间无害的闲聊。没有人敢于亲身实践哲学的法则，没有人怀着纯粹男人式的忠诚过一种哲学的生活。这种忠诚曾迫使古人（无论他在什么地方，无论他想干什么）一旦向斯多葛派宣誓效忠，就作为斯多葛派分子那样去行动。整个现代哲学思考都是政治性的和警察式的，由于政府、教会、学院、习俗、时尚和人类的懦弱，哲学永远束缚在学术的表面，停留于对"但愿"的叹息，或者对"曾经"的认识上。这样的哲学不具备任何正当的权利，因此，现代人如果有一点勇气和良知，就应该丢弃它，或者用类似于柏拉图把悲剧诗人驱逐他的理想国时使用的语言放逐它。当然，哲学也会奋起反驳，就像那些悲剧诗人奋起反驳柏拉图一样。如果有人强迫它说话，它也许会说："可怜的民族！倘若我必须像一个四处游荡的女巫那样，不得不乔装躲藏，仿佛我是一个罪人，而你们却是我的法官，这难道是我的责任吗？看一看我的姐妹——艺术吧！她的处境与我类似，我们都被放逐在野蛮人中间，不再知道如何自救。不错，我们没有任何正当权利，可是，主持正义的法官也会对你们进行审判，并且会告诉你们：必须先有一种文化，然后，你们才能体会到哲学想做什么和能做什么。"

论哲学家的偏见

1

那诱使我们有时不惜铤而走险的求真意志啊，那自古至今所有哲人怀着敬意谈论的真诚啊！这追求真理的意志将什么样的问题抛给了我们！这是些多么奇怪的问题！这可是由来已久了——然而又似乎从未开始？如果我们最终变得不信任，失去耐心，不耐烦地转身离去，这又有什么奇怪的呢？斯芬克斯终于教会我们自己提问了吗？究竟是谁在这里向我们提出问题？我们的"求真意志"究竟是什么？事实上，我们在这个"意志"的起源问题上停顿了很久——直到最后，终于在一个更基本的问题上完全停顿了下来。我们开始追问起这意志的价值。既然我们要的是真理，为什么不选择非真理？不确定？甚至是无知？真理的价值问题摆在了我们面前，或者是我们来到这个问题前面？我们中谁是俄狄浦斯？哪个是斯芬克斯？这似乎是问题和问号的一场约会。人们是否应该相信,在我们看来,这个问题似乎从来没有被提出过,似乎是我们第一次察觉了、看见了、鼓起勇气提出了这个问题?因为提出它是有风险的,也许没有比这更大的风险了。

2

"事物怎么可能从它的对立面中产生呢?例如,从错误中产生真理,从欺骗中产生追求真理的意志,从自私中产生慷慨的行为,从贪婪中产生智者纯洁的、阳光般的远见?这种事是不可能发生的。谁若这样梦想,谁就是傻瓜,不,比傻瓜还傻;凡是具有无上价值的事物,定然另有自身的源头——从这个短暂的、诱人的、虚幻的渺小世界里,在这个妄想和贪婪的骚动中,是推导不出它们的!相反,在存在的怀抱里,在不朽的事物中,在隐匿的神明那里,在'自在之物'那里,才是它们的源泉,别无他处!"——这种判断方式是一种典型的先入之见,任何时代的形而上学家都可以通过这种偏见辨认出来,这种评价方式是他们所有逻辑推理的基础。他们从自己的这种"信念"出发苦苦追求"知识",苦苦追求那最终被冠以"真理"之名的东西。形而上学者的基本信念就是相信价值的相互对立。尽管在源头处怀疑尤为必要,但是连他们中的谨慎者也没想到要这样做,虽说他们还自诩为"怀疑一切"。也就是说,人们完全可以怀疑:首先,是否真有这种对立存在;其次,那些世俗的价值评判和价值对立,即形而上学家们盖上印章担保无误的东西,是否只是肤浅的判断,只是暂时的透视,而且很可能是从某个角度出发,也许是从下往上,就像——借用画家流行的说法——仰角透视那样?尽管真实、真诚和无私的事物各具价值,但对于整个生命而言,装模作样、妄想、自私和贪婪,可能具有更高、更根本的价值。甚至有可能,那些好的、受人尊敬的事物的价值,恰恰在于这些事物与坏的、表面上与之格格不入的事物之间令人尴尬的关联、纠缠、勾连,也许甚至在于两者本质上的一致。也许吧!但谁又愿意去关心这些危险的"也许"呢?为此人们必须等待新的哲学家的出现,他们会拥有某些与迄今为止的哲学家截然相反的趣味和偏好,——他们会关注那些危险的"也许"。认真地说,我看到这样的新哲学家正在出现。

3

我从字里行间揣摩和审视哲学家们够久了,之后我对自己说:必须把绝大部分有意识的思考算作本能活动,哪怕是哲学思维也不例外。这里人们必须学会变通,就像在关于遗传和"天生"的问题上已经学到的那样。如果说,出生这个环节在整个遗传过程及其后续发展中不起什么作用,那么同样地,"意识"也很少会在什么决定性的意义上与本能相对立。——哲学家的有意识思维大多受到其本能的控制,并被迫沿着特定轨道运行。在富于逻辑和看似独断的活动背后,是某种价值评估,更确切地说,是为了保存某种特定生命而提出的生理要求。比如说,确定的东西比不确定的东西更有价值,假象的价值不如"真理"。诸如此类的评估,尽管对于我们有一定的指导意义,但可能只是肤浅的判断,只是一种特殊的臆想,对维持我们这样的生命必不可少的愚昧,也就是说,假定"万物的尺度"并不就是人类……

4

对我们来说,一个判断是错误的,并不是反对它的理由;在这点上,我们的新语言听起来也许十分陌生。问题在于,这个判断在何种程度上是推进生命和保存生命的,是保存物种,甚至是培养物种的。我们从根本上倾向于认为,最虚假的判断(先天综合判断即属此类)对我们来说是最不可或缺的,而且如果不承认逻辑上的虚构,如果不以绝对的、永恒不变的纯粹想象的世界来衡量现实,如果不用数字持续地伪造世界,人类就无法生存;放弃错误判断就是放弃生命、否定生命。承认不真实是生命的条件：这无疑是以一种危险的方式反对那些习以为常的价值理念。一种敢于如此的哲学单凭这一点，便已超然自立于善恶的彼岸。

5

人们之所以忍不住要向哲学家投去半猜疑、半嘲讽的眼光，倒不是因为一再发现他们多么无辜——他们多么经常、多么容易犯错误、迷失方向，简而言之，不是因为他们的幼稚和孩子气——而是因为他们不够正直：只要稍稍涉及真诚问题，哪怕只是旁敲侧击，他们便全都道貌岸然地大叫起来。他们全都装模作样。

他们都摆出一副姿态，好像他们的观点是从一种冷酷、纯粹、神性、冷漠的辩证法的自我发展中发现和获得的（这与各种神秘主义者形成鲜明对比，后者更诚实憨厚，——他们还在谈论"灵感"），而事实上，他们是要维护一种先入之见，一种突发的念头，一种"灵光一闪"，多半是一种被抽象地拟定和筛选出来的心愿，被他们用事后找到的根据加以辩护。他们全都是改头换面的律师，而且大都是为自己名之为"真理"的偏见作狡猾的辩护——他们远没有勇气将这一切公布于众，无论是为了警告朋友或敌人，还是出于高傲或为了自嘲。老康德那种又是生硬又是端庄的伪善（他就是用这个把我们诱上那条辩证法的秘径，将我们引导、准确地说是误导入他的"绝对命令"），那种表演，让我们这些挑剔者发笑，我们没什么兴趣去细看那些老奸巨猾的道学家和卫道士玩的把戏，甚至是以数学形式出现的骗术，斯宾诺莎就是以此给自己的哲学——准确方便地解释这个词的话，到最后便是"对他的智慧的爱"——包裹装扮起来，如同裹上铁甲一般，为的是事先吓破侵犯者的胆。这些家伙竟敢正视不可战胜的圣女帕拉斯·雅典娜！如此虚张声势，恰恰透露出了这位隐居的病人是多么地胆怯和脆弱！

6

我逐渐明白，迄今为止，每一种伟大的哲学究竟是什么。它是其创始人的自白，一种不由自主的、不自察觉的倾诉。也就是说，每一种哲学所包含的道德（或非道德）意图乃是真正的胚芽，而整个植物总是从这种胚芽中生长出来的。事实上，要想了解哲学家最深奥的形而上学论断是如何得出的，最好（也最明智）先问问自己：它（他）追求何种道德？我并不相信，某种"认识冲动"会是哲学的父亲，而是认为，乃是另一种冲动不过像利用工具那样利用了认识（以及错误认知）。谁要是仔细观察，人类的基本冲动能在何种程度上作为灵感之神施展其把戏，谁就会发现，它们都曾在不同时期实践过哲学，而且每一种冲动都想夸大其词地把自己说成是生存的目标，是其余一切冲动的合法主人。因为，每一种冲动都有支配欲，并且因此而试图上升为哲学。当然，在学者那儿，在那些真正从事科学的人那儿，也许情况有所不同，因为在他们那儿可能真的有一种"认识冲动"，好比一只独立的小钟表，上足发条后便勇敢地运作起来，而学者身上其他一切冲动其实并未起到实质性作用。所以学者的真正"兴趣"往往在别处，比如在家庭、赚钱或政治方面。他这架小型机械置于科学的哪一部分，这个"很有希望"的年轻工作者是否会成为一名优秀的语言学家、蘑菇专家或化学家，这几乎是无关紧要的；他的特点并不是成为这样或那样的人。相反，在哲学家这里，完全不存在非个人的东西；他的道德会给出一个决定性的证据说明他是谁——也就是说，他天性中最深层的冲动彼此处在怎样一个等级顺序上。

健康与哲学的关系

心理学家对于诸如健康与哲学的关系这类颇富吸引力的问题知之甚少；但是一旦他自己患病，他就把对科学的全部好奇心带入病中。大凡有人格者必有其人格哲学；不过，这里有一个重要的区别。某些人因贫困而穷究哲理，而另一些人因有钱有势才这么做。首先，这些人需要自己的哲学，无论作为精神支柱、抚慰或药物，还是作为拯救、附庸风雅或自我异化，无非是一种华丽的奢侈，充其量也只是踌躇满志的极乐和感激情怀而已，最终必然要用宇宙大写字母写到概念王国的天幕上。然而，在另一种更常见的情况下，当罹病的思想家因受个人病危状态的推动而精研哲学（哲学史上，也许是患病的思想家们占优势）时，处于病魔压力下的思想将会产生怎样的结果呢？这对心理学家来说是一个重要的问题：在这个领域还可以进行试验。

正如一位旅行者决心在某个时刻醒来，然后静静地入睡，我们这些患病的哲学家也在一定时间内听任病魔的摆布。旅行者知道，他的某个东西不能睡，它要计时，并将他唤醒；我们也知道，具有决定意义的时刻也将唤醒我们，那时有什么东西会突然出现，当场捕获我们的思想。所谓"当场"，我指的是在虚弱、逆反、屈服、冷漠、忧郁或任何精神病态的情况下。这些病态在健康的日子里，不是以本来面目，而是以傲慢姿态呈现的。（古诗云："骄傲的思想、孔雀和骏马，是世间最傲慢的三种动物。"）经历这样的自我质问和自我检验之后，我们便学会以更敏锐的眼光审视迄今为止的一切哲理；能比以前更清楚地洞察到思想的歧途、侧巷、静止点和向阳处；能知道病态的身体和它的要求会无意识地迫使、推动和诱惑精神向什么方向发展——向着光明、静谧、温柔、耐心、药物和某种意义上的安慰。每一种把和平看得比战争更重要的哲学，每一种对幸福观念持否定态度的伦理学，每一种知道最终结果、每一种终极状态的形而上学和物理学，每一种美学或宗教，都不妨问一问，疾病是不是使哲学家深受鼓舞和激励呢？

在客观、精神和纯粹思想的掩护下，生理需求被无意识地掩盖，其程度令人震惊。我常常自问，迄今的哲学在总体上是否就是对身体的解释，并且是对身体的误解呢？在迄今思想史遵循的最高价值评价背后，否隐藏着对个人、阶级或整个种族的身体特征的误解？我们总是把形而上学的一切大胆的癫狂行为，尤其是对存在价值这个问题的回答，首先看成是身体的特征。从科学角度衡量，这类对存在的肯定或否定没有任何意义，然而它们却为历史学家和心理学家提供了更有价值的提示，提示人们关注身体特征。我仍然期望，有朝一日，一位特殊意义上的哲学医生，一位致力于解决各民族、时代、种族和人类的总体健康的医生，能够有勇气沿着我的猜想得出最终结论，并大胆地做出这样的判断：迄今的一切哲学研究根本与"真理"无涉，而是涉及别的东西，我们称之为健康、未来、发展、权力、生命……

现代的世俗化潮流

目前，在世界的某个角落，例如在德国，也存在着一些非常幼稚的人们，他们的确极其认真地谈论着什么这些年来世界已得改善，什么那种对人生怀有深重忧思的人已经被"事实"驳倒之类的话。对他们来说，新的德意志帝国的建立就是对一切"悲观主义"的哲学思维的一种决定性的和毁灭性的打击，这一点毋庸置疑。在我们的时代，哲学家作为教育家意味着什么？谁想回答这个问题，他就必须对那个流传很广，尤其是在大学里很受欢迎的观点做出回答，而且是这样回答：一种如此令人厌恶的、偶像崇拜式地对时代的谄媚，居然会出自能思维的和值得尊敬的人们之口，这真是莫大的耻辱——它表明人们已经不再懂得，哲学的严肃性与报纸的严肃性相差多远。这样的人不仅把哲学的观念丧失殆尽，而且把宗教的观念也丧失殆尽了，取而代之的与其说是一种乐观主义，不如说是报章文体，是日常生活和日报的精神。凡是相信存在的问题可以通过一个政治事件被搁置甚至解决的哲学，都是虚假的哲学。自世界产生以来，已经有无数个国家建立；一次政治改革怎能使人类一劳永逸地成为心满意足的地球居民呢？如果某人由衷地相信这是可能的，那么，他应该去报到，因为他的确有资格到一所德国大学做哲学教授，就像柏林的哈尔姆斯、波恩的迈尔和慕尼黑的卡里埃那样。

但在这里，我们领略了近来在各处宣扬教义所带来的后果；这种教义宣称国家是人类的最高目的，对于一个人来说，除了为国家效劳之外，没有任何更高的义务。我从中看到了一种倒退，这不是异教的复发，而是愚蠢的表现。很可能，这样一个把为国家效劳视为自己最高义务的人，确实也看不出更高的义务来；但是，世上还存在别的人和别的义务，其中一种义务，在我看来比效忠国家更高尚，便是消灭一切形式的愚昧，也包括这一种愚昧。因此，我在这里讨论的是这样一种人，他们的目的论超越一个国家的利益，研究一位哲学家，只是为了重获一个独立于国家利益的文化世界。在构成人类共同体的众多环节中，有些是真的金子，有些却是假的金子。

现在，哲学家是如何看待我们时代的文化的？当然不同于那些对自己的国家心满意足的哲学教授们。他似乎从日益繁忙和匆忙的生活中觉察到了文化被连根拔起的征兆。宗教的潮水退落了,只留下泥沼和池塘;民族又分崩离析。互相仇视和残杀。各门科学盲目地推行放任主义,打破和瓦解了一切坚固的信仰;有教养的阶层和国家被一种极为卑鄙的金钱经济所吸引。这个世界从未如此世俗,从未如此缺乏善与爱。在世俗化潮流中,有教养的阶层不再是灯塔和避难所;他们自己也一天天变得不安,越来越没有思想和爱心。一切都服务于将要到来的野蛮,包括现在的艺术和科学在内。有教养的人蜕化为教养的最大敌人,因为他要用说谎来隐瞒病情,阻碍医生的治疗。如果有人谈论他们的弱点,反对他们有害的连篇谎言,他们就会变得恼羞成怒,这些软弱的可怜无赖。他们实在是太乐意使人相信,自己是前无古人的。他们伪装幸福的方式不乏动人之处,因为他们的幸福是如此难以理解。人们甚至不会像塔恩霍伊泽问彼得罗尔夫那样问他们:"最可怜的人,你究竟享受过什么?"因为啊,我们知道得更清楚,答案也不一样。我们住在高山之巅,危险而又贫困;我们的欢乐是短暂的,照临雪山沐浴我们的每束阳光都那么苍白。此时音乐响起,一个老人拨响风琴,舞者们翩翩起舞———一个漂泊者目睹此景,为之战栗:一切都是如此原始、如此难以接近、如此呆板、如此无望,而现在却响起了一个欢乐的声音,无思无虑的欢乐的声音!可是,夜幕已经悄然落下,声音逐渐减弱,游人的步子嚓嚓作响；在他的目光所及之处，除了大自然严峻而荒凉的面孔，别无所见。

但是如果仅仅强调现代生活的画面上线条的微弱和颜色的呆板，这未免片面，甚至那另一面也丝毫不令人鼓舞，它只会更加令人不安。那里当然有力量，巨大的力量；但它是野蛮、原始和残酷的力量。人们以恐惧不安的期待望着它们，就像注视着巫婆厨房里的熬药锅：随时可能雷鸣电闪，预示可怕的现象。一个世纪以来，我们已经准备好迎接一场摇撼根基的震动；尽管我们最近一直试图用所谓的民族国家的体制性力量，来对抗行将崩溃或爆炸的现代趋势，但在很长一段时间内，这只会加剧普遍的不安全和威胁。至于个别的人如此举动，就好像他们对于这一切忧虑都一无所知似的，这并不把我们引入歧途：他们的不安表示他们清楚地知道这些；他们匆忙而又专心地替自己打算，还未曾有人这么替自己打算过，他们为自己的日常生活惨淡经营，对幸福的追逐从未像今天或明天所见到的这样急切；因为后天也许一切追逐的时机都将告终。我们正在经历一个原子时代，或者说原子式的混沌的时代。各种敌对力量在中世纪被教会大致束缚住了，被它施加的强大压力在某种程度上相互同化了。一旦束缚断裂，压力松弛，它们便再次对立起来。宗教改革把许多事物解释为无可无不可的，解释为不应当由宗教思想来规定的领域；这是它自身得以生存的代价，就像在宗教性更浓的古代，基督教以相似的代价保存自己一样。这就埋下了分裂的种子。同逐利者的自私自利一样，被军事独裁者把持的国家试图从自身出发重新组织一切，成为所有那些敌对力量的束缚和压力。这意味着它希望人们与它一起实行同样的偶像崇拜，一如它与教会一同实行的那样。结果如何呢？让我们拭目以待；无论如何，我们至今也还处在中世纪的冰封河流之中；它正在融化，并陷入剧烈的毁灭性运动之中。冰块冲撞着冰块，一切堤岸都被淹没和毁灭。革命根本无法避免，而且是原子的革命。然而人类社会中那些最小的不可分的粒子是什么呢？

毫无疑问，这一时期来临时，人性面临的危险甚至还超过那混乱骚动的崩溃时期，充满焦虑的期待和贪婪的攫取引诱出灵魂的一切卑鄙和自私冲动；与此同时，现实的困境也在时时改善和温暖着人们。在这样的危险中，谁将为人类、为无数代人一点一滴堆积在神庙中的神圣不可侵犯的珍宝，奉献其守卫者的职责和骑士职责呢？当所有人在自己身上只感觉到私欲的蠕动和卑劣的焦虑，就这样从人的形象堕落，堕落为禽兽乃至僵化的机械之时，谁来重新树立人的形象？

现代性和现代思潮批判

1

反达尔文——至于著名的"生存斗争",在我看来,与其说它已被证明,不如说它是一种断言。它确实发生过,但只是一个例外。一般的生活状况不是困乏、饥饿,而是丰富、奢侈,甚至是荒唐的浪费——凡是有斗争的地方,都是为强力而竞争……人们不应当把马尔萨斯和大自然混为一谈。不过,假设这种斗争确实存在——事实上,它确实发生了——其结果却不幸与达尔文学派希望的结果恰恰相反,也与我们与他们一致希望的结果相反,也就是说,它总是对强者、优秀者和幸运的例外者不利。物种不会朝着完美的方向进化:弱者总是统治强者——仅仅因为他们是大多数,也因为他们更狡猾。达尔文忘记了精神(这是英国式的),弱者有更多的精神……为了获得精神,一个人必须需要它。当一个人不再需要它时,他就失去它了。谁强大,谁就放弃了精神("让它们见鬼去吧!这是当今德国人的想法——帝国必定仍是我们的"……)。人们知道,精神在我看来意味着谨慎、忍耐、狡猾、伪装、强大的自制力,以及与模仿有关的一切(所谓德行的大部分都属于最后一项)。

2

论"良知"。——在我看来,今日没有什么比真正的伪善更罕见的了。我很怀疑,在我们温和的文化氛围中,虚伪是无法存在的。虚伪属于有坚定信仰的时代。在这个时代里,人们即使被迫接受另一种信仰,却也不会放弃从前的信仰。如今,人们放弃了自己的信仰,或者,更常见的是,人们获得了第二种信仰,但无论如何,人们仍然是诚实的。毫无疑问,与以前相比,现在能够拥有更多的信仰,所谓能够,就是说被允许,也就是无害。由此产生了自我宽容。这种自我宽容允许更多的信念。它们和平共处,就像当今世界上的所有人一样,小心翼翼地谨防自己出丑。今天,什么情况下人们才会出丑?在他们始终如一的时候;在他们一条路走到底的时候;在他们不模棱两可的时候;在他们真诚的时候……我非常担心,对于有些罪恶而言,现代人简直过于懒散了,以致这些罪恶正在消亡。一切以坚强意志为前提的恶(也许不存在无坚强意志的恶），在我们温和的空气中，正在蜕化为德行……我认识的几个伪君子只是在模仿虚伪，就像现在几乎每十个人中就有一个演员一样，他们都是演员。

3

来自一场博士答辩。——"所有高等教育的任务是什么？"——把人变成机器。——"采用什么手段？"——他必须学会厌烦。——"如何做到这一点？"——通过责任的概念。——"谁是他在这方面的榜样？"——教人死记硬背的语言学家。——"谁是完美的人？"——国家官员。——"哪种哲学为国家官员提供了做高级的公式？"——康德哲学。

4

基督徒与无政府主义者。——当无政府主义者作为社会衰落阶层的代言人，为"权利""正义""平等"大声疾呼时，他只是受到其粗野本质的支配，不明白自己究竟为什么受苦——他缺乏什么，缺乏生命……他身上有一种强烈的追究根源的冲动：他的处境如此不好，一定有人要为此负责。甚至"义愤填膺"本身已经让他心情愉悦，谩骂是所有可怜鬼的乐趣——它给人一种小小的权利陶醉。即使是抱怨和哀叹,也能赋予生活一种魅力,使人意忍受它。每一次哀叹中都有一丁点儿复仇的意味。人们会把自己的苦难,在某些情况下甚至把自己的卑贱,都归咎于那些与他们不同的人,就像是在责备一种不公平、一种未经许可的特权。"如果我是混蛋,那么你也应该是混蛋":人们根据这样的逻辑闹革命。——哀叹在任何场合都无用,它源自软弱。无论是把自己的苦难归咎于他人还是归咎于自己,都是一样的(社会主义者是前者,而基督徒则是后者)。这两种态度的共同点,或者说这两种态度中同样可鄙的一点是,如果一个人受苦,就必须有人为此负责,简而言之,受苦者用复仇的蜜糖来麻醉自己,以减轻自己的痛苦。复仇的欲望和快乐的需求一样,指向的对象纯属偶然:受难者到处都能找到原因来发泄他小小的报复欲。——再说一遍,如果他是基督徒,他就在自己的身上找到这个原因……基督徒和无政府主义者都是颓废者。但是即使基督徒谴责、诽谤和玷污这个世界,他也是出于一种本能……"彼岸"——如果彼岸不是玷污这个世界的手段,那么彼岸有什么用呢?

5

对现代性的批判。——我们的机构已毫无用处,这一点大家一致同意。但是责任不在它们，而在我们。在我们丢失了机构由之生长的一切本能之后，我们也就丢失了这些机构，因为我们不再适合它们。民主主义在过去一直是组织力衰退的形式：在《人性的，太人性的》第一卷第 318 页中，我已经把现代民主，连同它的半成品，如"德意志帝国"，定性为国家的衰落形式。想要拥有机构，就必须有一种意志、本能、命令。这种意志只能是反自由的，甚至是恶毒的：对传统的意志，对权威的意志，对未来几个世纪的责任的意志，对无限延续的世代团结的意志。有了这样的意志，就会建立起类似罗马帝国的国家；或者类似俄国，它是当今唯一一个拥有持久力量和勇气的伟大国家。整个西方都不再拥有那些产生机构、孕育未来的本能：也许没有什么比这更违背它的"现代精神"了。人们得过且过，活得极其仓促，活得极其不负责任，而这正是他们所谓的"自由"。那些把机构变成机构的东西被鄙视、憎恶、摒弃：只要有人轻声提及"权威"一词，每个人都会对新的奴役感到恐惧。我们的政治家、我们的政党的价值本能已经达到了如此颓废的程度：他们本能地偏爱造成瓦解、加速结束的东西……现代婚姻就是一个例子。现代婚姻显然已经脱离了一切理性，但这并不是反对婚姻，而是反对现代性。婚姻的理性基于男人的法律责任，婚姻因此而有重心，今天它却是双腿跛行。婚姻的理性基于它原则上的不可解体性：通过这种方式，它获得一种音调，在面对感情、激情和机遇的偶然事件时，它知道如何让别人听到自己的声音。婚姻的理性还基于家庭对选择配偶所承担的责任。随着人们对爱情婚姻的态度日益宽容，婚姻的基础，也就是使婚姻成为一种机构的基础，已经遭到破坏。人们决不在一种过敏反应的基础上建立一个机构，如上所述，人们不在"爱情"的基础上建立婚姻，而是把它建立在性冲动、财产冲动（妻子和孩子是财产）、统治冲动的基础上；最后，这种冲动不断为自己组织最小的统治单位，即家庭。它还需要孩子和继承人，以便在生理上也保持已获得的权力、影响和财富，以便为长期的任务、为几个世纪之间本能的团结做准备。婚姻作为一种机构，是对最伟大、最持久的组织形式的肯定；如果整个社会不能为自己的后代提供保障，那么婚姻就没有任何意义。——现代婚姻已经失去了它的意义——因此，人们废除了它。

译后记

> 人的伟大之处在于,他是桥梁而不是目的;人的可爱之处在于,他是过渡和没落。
>
> ——尼采《查拉图斯特拉如是说》

在人类思想史上,总会不时涌现出这样的人:他们反叛习俗、法律、道德、科学、哲学以及宗教中根深蒂固的传统,倡导个性的自由与独立。尽管站在前人智慧的肩膀上,他们却感受到一种无形的压力。随着时间的推移,他们逐渐意识到,自己的思想与行动无不被前人留下的理论和规则所限制;那些历经岁月沉淀的传统,犹如沉重的枷锁,压迫着他们的灵魂。最终,当过去的重负变得无法承受时,他们毅然决定将其抛弃,宣告思想上的独立。历史的遗产被彻底清除,他们在这片空白之地重新书写属于自己的思想、价值观和理想。

/ 译后记 /

弗里德里希·尼采,这位伟大的哲学家和思想革命家,于1844年诞生在德国莱比锡。早年的他生活在浓厚的宗教氛围中,父亲是一位虔诚的牧师,这一背景为他日后对宗教与形而上学的深刻批判打下了坚实的基础。尼采从年轻时便展现出非凡的学术天赋,在巴塞尔大学任教期间,他凭借深厚的古典学知识迅速崭露头角。然而,由于身体状况不佳,加之在孤独中不断追寻思想的深度,他最终辞去了教职,毅然走上了哲学探索的道路。

尼采的哲学思想具有极强的批判性和创新性。他提出了"上帝已死"的著名论断,彻底颠覆了传统的宗教和道德观念。这些观点在当时的社会中引起了极大的争议和误解。因此,他在生前并未获得广泛的认可和支持,反而遭受了误解和排斥,进一步加剧了他的孤独感。

"上帝已死"并非指字面上的上帝死亡,而是尼采对现代社会精神危机的深刻洞察。在尼采看来,随着科学理性和现代哲学的崛起,传统宗教所提供的意义体系和道德框架已失去了权威和影响力。这一变化导致了人类在思想和精神上的空虚和迷失,进而滋生了虚无主义。虚无主义表现为对一切意义和价值的怀疑,认为生活本身缺乏固有的目的和意义。大多数人无法面对这种精神的空洞和无所依赖的现实,最终沉溺于对舒适与安逸的追求。

尼采正是在这样的背景下，提出了超人哲学，试图为人类寻找新的价值目标和人生意义。"超人"并不是一种具体的生物或形态，而是一种理想的存在状态。它象征着一种超越现有道德和价值体系的生活方式，是人类自我超越的最终目标。这种超越不仅仅是对现有社会秩序的挑战，更是对个体内在潜能的挖掘和实现。

"权力意志"是尼采哲学中的另一个核心概念。它不单纯是对权力的追求，而是一种更为根本的生命力量，一种推动个体不断向上、向外扩张的动力。尼采认为，这种力量是生命的本质，是个体实现自我价值和生命意义的关键：

"凡是我发现生命的地方，我就会在那里找到权力意志；甚至在仆人的意志中，我也找到了成为主人的意志。弱者将为强者服务，弱者的意志劝说他，弱者的意志是要当更弱者的主人：它不想放弃的只是这样一种快乐。"

他的哲学思想根植于西方哲学传统，尤其是对叔本华的意志论哲学的继承和发展。叔本华认为，人类的行为和欲望都源自一种无法抑制的生命力量——生存意志。这种意志是一种盲目且冲动的力量，驱使人们不断地追求生存与满足。然而，这种满足总是暂时的，无尽的欲望让人类陷入无尽的挣扎与痛苦之中。叔本华视这种生存意志为人生悲剧的根源，他主张通过超越欲望、放弃渴望来达到内心的宁静与解脱。

与叔本华不同，尼采对生命持有更为积极与肯定的态度。他提出的权力意志，是一种生命的表达与自我实现的愿望。它并非盲目地追求生存，而是追求更高层次的力量、控制与自我提升。

尼采以权力意志论取代了叔本华的存在意志论，由此建立了一种主张最大限度地发挥自我能动性和诉诸行动的"实践哲学"。可见，尼采的权力意志的哲学并不仅仅是一种纯粹的哲学思辨，而是针对整个欧洲病入膏肓的虚无主义所提出的一种矫正性和治疗性的哲学。

尼采的权力意志论与永恒轮回说紧密相连，共同构成了他对生命与宇宙的独特理解。永恒轮回并非物理学上的宇宙论，而是他构建的一种形而上学体系。它揭示了宇宙间一切事物的循环往复、永不停止的本质。在无限的时间长河中，权力意志不断地推动着生命的进化与发展，使得一切事物都在不断地变化与更新之中。这种变化与更新，正是生命意义与价值的所在。

每一个不曾起舞的日子
都是对生命的辜负

尼采提出永恒轮回说的主要目的是为了反对理性派哲学和基督教对某种绝对、彼岸目标的追求,从而肯定现实的世界和人生。因为既然宇宙的一切即是权力意志的永恒轮回,那么它们的活动必然是圆圈式的。其中任何一点既是起点又是终点,一切也都处于圆圈中,这就排除了任何超越的、彼岸的目的和存在。人生的意义和价值在现实世界,而不在彼岸世界。

"每一个不曾起舞的日子,都是对生命的辜负"这一句话深刻体现了尼采哲学的核心思想:生命的意义在于不断地超越自我,追求更高层次的存在。起舞,是一种自我表达与创造的方式。每一个人都有自己独特的生命体验和表达方式,都应当勇敢地展现自己的个性与才华。那些未曾起舞的日子,正是缺少了这种自我创造与表达,从而失去了生命的色彩与活力。尼采认为,生命本身就是一种艺术,需要用热情与创造力去塑造它,使其变得丰富多彩。他鼓励我们珍视生命、热爱生活、追求创造与超越,以积极的态度去面对生命中的每一个瞬间。

从最初接触尼采的文字,到完成整本书的翻译,我深刻体会到尼采语言的诗意与他哲学思维的深刻交融。翻译的过程,不仅是将文字从一种语言转换成另一种语言,更是在深入领会尼采思想的精髓和他特有的语境表达。

/ 译后记 /

翻译这本书的初衷，是希望能够将尼采的"生活哲学"带给更多的中文读者，尤其是年轻一代。他的思想教会我们如何与生命共舞，如何直面痛苦并将其转化为力量。书中精选了尼采关于生命、艺术、道德与哲学的核心论述，力求展现他思想的多样性与深度。篇目紧扣当代人的情感与生存状态，旨在唤醒读者对自身生活的深刻反思。这不仅是对尼采哲学的深入解读，更是一次关于生命意义的呼唤。

尼采不仅是一位哲学家，更是一个诗人，他的哲学思想常常通过诗歌的形式表达，这对翻译工作提出了极高的要求。每一个字句的选择，我都力求忠实于原文，同时兼顾中文表达的流畅与优美。在翻译过程中，我参考了尼采的多部德语原版经典，包括《快乐的科学》《查拉图斯特拉如是说》《权力意志》等，同时查阅了大量相关的研究文献，这些都帮助我更全面地理解尼采语言的精妙与思想的深邃。

译本完成的那天是一个清冷的冬日，清晨的阳光洒在桌前，伴随着尼采文字中那种高山般清冽的气息。这让我感受到，他的思想不曾因时间的流逝而失去生命力。我希望这本书能够为读者带来一种与尼采共舞的体验，让我们在他思想光辉中，找到属于自己的生命节奏。